民俗学講義
― 生活文化へのアプローチ ―

谷口　貢・松崎　憲三 [編著]

八千代出版

執筆分担（掲載順）

松崎かおり（青山学院大学・大東文化大学兼任講師）　　　第 1 章
谷口　　貢（二松學舍大學教授）　　　　　　　　　　　　第 2 章
青木　俊也（松戸市立博物館学芸員）　　　　　　　　　　第 3 章
松崎　憲三（成城大学教授）　　　　　　　　　　　　　　第 4 章、第 5 章
岩田　重則（東京学芸大学教授）　　　　　　　　　　　　第 6 章
猿渡　土貴（江戸川大学非常勤講師）　　　　　　　　　　第 7 章
板橋　春夫（國學院大學兼任講師・
　　　　　　伊勢崎市赤堀歴史民俗資料館館長）　　　　　第 8 章
前田俊一郎（文化庁文化財調査官）　　　　　　　　　　　第 9 章
小島　孝夫（成城大学教授）　　　　　　　　　　　　　　第10章
牧野　眞一（日本民俗学会会員）　　　　　　　　　　　　第11章
長谷部八朗（駒澤大学教授）　　　　　　　　　　　　　　第12章
舟山　直治（北海道開拓記念館学芸員）　　　　　　　　　補章
塩月　亮子（跡見学園女子大学教授）　　　　　　　　　　補章

まえがき

　日本の民俗学は、地域社会に伝承されてきたさまざまな生活文化（生活習慣）を基本資料として、日本人の生活の変遷を明らかにする学問として発展してきた。日本民俗学の最初の概論書とされる柳田国男の『民間伝承論』が1934（昭和9）年に刊行された時点からみても、すでに70年以上の歳月が経過している。この間、民俗学は時代の荒波を受けて曲折を経ながらも、膨大な研究や民俗誌・民俗調査報告書の蓄積がなされて今日に至っている。また、民俗学に対する一般の人々の関心も高く、多くの大学で民俗学の講座が開設されるようになってきている。

　これまで、民俗学の概論書は何種類か出版されているが、民俗学をはじめて学ぶ人の導きとなるような入門書は、案外少ないように思われる。そこで本書は、民俗学の基礎を学ぶための入門書として、大学の授業等で実際に使えるようなテキストを意図して編集したものである。近年、民俗学の研究は多様化し、専門分化しつつあるが、本書はあくまでも初学者が学んでおいた方がよいと思われるテーマに絞って章立てを行った。そして、限られた章立ての内容を補うとともに、各章の問題点を発展させることをねらいとしてコラム欄を設けた。また、本書の執筆に際しては、先学各位の数多くの文献を利用させていただき、各章の末尾に引用文献、参考文献として掲載した。ただし、参考文献については、あくまで初学者向けのものを中心に紹介したものである。

　周知のように、日本社会は1965年ごろから1970年代（昭和30年

代後半から昭和40年代)にかけて、高度経済成長に伴って大きな変貌を遂げた。すなわち、生産・流通・消費システムの大規模な変動によって、社会関係や個々人の価値観・行動様式に著しい変化をきたし、一方都市化や情報化の進行とともに過疎化・過密化が全国に及び、人々の生活様式も大きく変わってきた。本書では、そうした社会の動きをふまえて、近代以降の生活文化の変化に留意しつつ記述するようにつとめた。また、1980年代後半ごろから活発になった国民国家論、植民地主義、ポストモダン、多文化主義等の論議の中で行われた民俗学への批判を視野に入れながらも、フィールドワークを基本とした、実証科学としての民俗学の立場から生活文化をどのように見直していくのか、といった問題意識に基づいて編んだものである。

　民俗学は、はじめて学ぶ人でも身近な生活上の疑問を発展させたり、話者からの聞き書きを行ったりすることによって、研究活動に接近することができ、そこから本格的な研究に高めていくことが期待できる学問といえる。民俗学に関心を持つ方々に、本書をいろいろなかたちで活用していただければ幸いである。

2006年7月

谷口　貢
松崎憲三

目　　次

まえがき　i

1　民俗の多様性——均一化の中にあらわれる独自性——……………1
地理に興味を　1
地図の選び方　2
文化人類学からの巨視的視点　3
柳田国男の〈方言周圏論〉　6
東日本と西日本の民俗文化の変差　8
東西文化領域は古代に決定？　12
地元の地域差の認識　13
海の道と川の道　16
均一化の中にあらわれる独自性　19

2　民俗学の流れと現在 ……………………………………25
民俗学の発達　25
民俗学と民族学　26
国学の流れ　27
旅の見聞・地誌への関心　28
近代の動向　29
郷土研究と柳田国男　30
郷土誌への視覚　32
日本民俗学の確立　33
民俗資料の分類　35
民俗学研究者の組織化　36
戦後の民俗学　38
日本民俗学会の設立　39
柳田民俗学の批判と継承　40
民俗学の新たな展開　43
都市民俗から現代民俗へ　45

3　家族生活と住まい ……49
2組の家族の姿　49
民家の野外博物館　52
農村の住まい：屋敷　53
農村の住まい：主屋と間取り　56
都市の住まい　60
2　D　K　62
団地家族の暮らし　63

4　食をめぐる民俗 ……71
食生活の変化　71
食事の回数　73
主食と副食　76
ハレの食事と御馳走　79
食事風景　82

5　村と町のなりたち ……89
村の変貌　89
村の空間的特徴　90
町の空間的特徴　93
自治と会所　97
年齢集団　100
地域と祭祀　101

6　若者と一人前 ……105
「クロツチにするぞ」　105
オチャヨバレ　106
赤　　線　107
性と婚姻の民俗研究史　108
性と婚姻の分離　110
村の性の外側　111

若 者 仲 間　112

　若者仲間の買春　113

　若者と娘のジェンダー　115

　若者組織の地域差　116

　若者組の秩序　116

　若者組の歴史性　118

　一 人 前　120

7　婚姻と出産・子育ての民俗 …………………………123

　多様化の時代に　123

　伝統的な婚姻のかたち　123

　嫁入り婚における婚姻儀礼　125

　現代の結婚式　128

　妊娠祈願と安産祈願　129

　伝統的な出産風景　130

　(新) 産婆の登場　132

　病院出産時代　133

　産のケガレ　135

　生育儀礼 (乳児期)　136

　生育儀礼 (幼児期)　140

　子育てとしつけ　141

8　女性・子ども・老人の民俗 ……………………………145

　老人と子ども　145

　子 ど も 組　146

　小さな大人　148

　捨てられた子どもと老人　149

　高齢社会と長寿銭　151

　老人とポックリ信仰　152

　老いと隠居　154

　女性の役割　155

主婦権の内容　156
　　女性の労働　158
　　かよわい者と周縁性　159

9　葬送儀礼と先祖祭祀 …………………………………163
　　変わりゆく葬送儀礼　163
　　葬法の変化をめぐって　166
　　墓制の諸相と現在　169
　　日本人の先祖観　173
　　先祖祭祀と霊魂観　176

10　里と海・山のなりわい …………………………………183
　　なりわいとは　183
　　なりわいの意義　184
　　なりわいの分類　185
　　なりわい研究の展開　186
　　これまでのなりわい研究の傾向　187
　　地域社会の変容となりわい研究の課題　188
　　生産活動を文化体系として捉える　191
　　農　　業　192
　　稲作と畑作　193
　　漁　　業　194
　　林　　業　197
　　なりわいの儀礼　199
　　新たななりわい研究にむけて　201

11　祭りと年中行事 …………………………………203
　　祭りの多様性　203
　　祭りの本質　204
　　村 の 祭 り　204
　　祭りの重層性　206

都市の祭りと伝播　209
　団地の祭り　210
　ハレとしての祭り　211
　暦と年中行事　212
　年中行事の構造　214
　正月の行事　215
　盆の行事　216
　年中行事の変化　217
　都市の年中行事　218
　団地の年中行事　219
　生活のリズム　220

12　民俗宗教の諸相 …………………………………………223
　民間信仰から民俗宗教へ　223
　寺社と民衆　226
　地蔵と他界　226
　農耕神・牛馬の守護神　227
　霊水・水神信仰　227
　所願成就の信仰　228
　神と仏　229
　祈願・祈禱と占い　232
　参詣と勧請　236

補章　北海道民俗・沖縄民俗の特徴 …………………………241
　北海道の民俗　241
　沖縄民俗の特徴　244

　索　引　247

1 民俗の多様性

――均一化の中にあらわれる独自性――

松崎かおり

地理に興味を　さきごろ、「イラクどこ？4割が不正解」という記事が朝日新聞（2005年2月23日朝刊）に載った。大学生・高校生の4割が、最近の国際政治上で特に話題となっているイラクや北朝鮮の位置を正確に指摘できなかったという日本地理学会の調査結果を報告したものである。そして、翌24日には、「居間に地図を、地球儀を」と題して、現在の学校での授業内容からすれば、この数字はむしろ上出来ではないかという論説委員からの意見が提示された（朝日新聞、2005年2月24日夕刊）。自分の頭で考えて、自分の意見を言える子どもを育てようとの昨今の風潮はよい面もあるが、自分で考えて、自分の意見を持つことは、基礎知識がなければできないことである。論説委員も、「都道府県名はいくら考えてもわからない。覚えるしかないものだ」と論じている。

　日本列島各地の生活文化をみてゆく民俗学にとっても、地理は重要な意味を持っている。だからといって、なにも受験勉強のように全県の県庁所在地や史跡のある地名を丸暗記する必要はない。テレビのニュースで興味深い内容のものを見たら、すぐに地図でそれがどこなのかを確認すればよい。新しく出会った友だちが○○県出身

と聞いたら、それをまた地図で確認してみるとよい。縁のあったところから次第に知識に加えてゆけばよいのである。地図をじっと見てみれば、大きく山がふさぎ、谷が切れ込み、川に分断され、大きく海に開かれた地形など、さまざまな地理的条件が読めてくる。それらに囲まれて人々は生きてきたのであり、それらの山や谷や川を利用しながら生活してきたのである。折に触れて地図を見る習慣を身につけ、次に地図を持って現地にでかけ、見たものを地図上にプロットしながら歩くようにすると、次第に地図を見るだけで現地の光景が頭の中に想像できるようになってくる。「地図を読めるようになりたい」と、興味を持って地図を開いてほしいと思う。

地図の選び方　旅行に行く程度であれば、日本地図は高校の授業で使った地図帳を持っているはずで、あとは昭文社や日地出版の「分県地図」や「町村地図」を見ればよいであろう。「都市地図」や「道路マップ」も参考になる。しかし、最も正確なその土地の状況を見たいと思うならば、国土地理院発行の「5万分の1」「2万5000分の1」の地形図を購入してほしい。このような詳細な地図を国が全国レベルで計測し市販できるということは、おそらく世界的にみても類がないのではないかと思う。つまり、正確な地図の発行とは、その国が平和であるということを象徴するものであり、これは日本が世界に誇ってよい文化なのである。

また、民俗調査に入ろうとするのならば、現地の村落の状況を細かく知らねばならないので、さらに詳しい地図が必要となってくる。それが「青地図」と「住宅地図」である。「青地図」は道路を通したり、橋をつくったり土木工事をするときのために、市町村が作成したものであるため、たいへん正確である。これは役場や市役所の建設課に行けば手に入る。「住宅地図」は地図上の一軒一軒の家屋

に世帯主の姓名までを記入したもので、おそらく日本で最も詳しい地図ではなかろうか。世界で最も詳しい地図といってよいかもしれない。これは（株）ゼンリンが出版しているもので、「住宅地図」を見たことのない人も、現在の車に搭載されているカーナビがこの会社の地図情報をもとにつくられていると聞けば、「なるほど」とうなずけるのではなかろうか。

地図にはいろいろな種類がある。旅行なのか、民俗調査なのかで持つべき地図も違ってくる。目的に合った地図を選び、現地にでかける前にそれをじっくり眺め、現地で活用し、帰ってからまた眺める習慣を持ってほしい。民俗学はフィールドワークを重視する学問であり、またデータを地図化した上で分析する手法もままとられることから、冒頭であえて地理、地図について触れておいた。

文化人類学からの巨視的視点　他地域と比較したときに、その土地に特徴的な民俗文化を共有している地域を一つのまとまりとし、それらを区分して〈文化領域〉を明らかにしてゆく研究分野がある。この研究はアメリカで早く起こった。大林太良はその領域設定が、①生態的にも著しい相違を含み、多様な語族が居住する一大陸とするもの、②大陸よりも小さいが、さまざまな民族を含むもの、③さらに地域が狭く、生態的にも極端な違いを持たず、言語・文化が同一系統のものの3種類に分けている。そして、アジア研究においてもこれまでは①②の視点が大勢を占めており、「たいへん目の粗い巨視的なもの」であって、「日本の内部の地方的な文化変差を、いくつかの領域に区画して整理するのとは、規模が違いすぎる」としている。人々の多様な生活文化の機微、その時々の心性まですくい取ろうとする民俗学には、文化人類学の考える領域設定とは異なった縮尺が必要なのである。

マイマイ系

いろはにほへとちりぬるをわかよ㋭たれそつねならむう　ゐのおくやまけふこえてあさきゆめみしゑひもせ

マイマイ、マエマエ
マアマイ
マアメ
マアヨ
ママデ
ママダイロ、マンマンダイロ、メンメンデエロ
メエメ、メエメエ
メンメン
メェメッポ、メメップ
メエメエズ
マイモツ、モモウズ
モオイ、モイモイ
モオモリ、モオロモロ、モンモロ
メメンジヨ
メエダセ
メエメエツノ
メンメンダゴロ
メンメンカエブツ、メンメンカエボコ、メンメンカエボ
メンミンガラモ
ミヤアミヤア、ミヤアミヤアコ
ミヤアミヤアキンゴ
ツノミヤアミヤア
ミヨウミヨウ
ミヨウゴ
ミヨミヨツノ、ミヨミヨツノダシ、ミヨミヨツノダセ、
ツノダシミヨウミヨウ、ダシミヨウミヨウ
ニヨウニヨウ
オツシヤピヨウピヨウ
マイマイドン
メエメエコウジ、マイマイクジ
マイマイコンジヨ、メエメエコンジヨ
マイマイグツグツ
メエメエカンカ、メエメエカンカン
マイマイツブロ、マイマイツボロ、メエメエツブロ
マイマイツブリ、マイマイツムリ
メエメエツムリ
マイマイコツブリ
メメチヤブロ
マイマイツンボ
メエメエタツボ
マイマイカタツボ
メエボロ、マイボロ、メエボロツボロ
マイボチツボロ、メエボチツボロ
ネエボロ、ナイボロ、ネエボロツボロ、ネヤボロ
デエボロ、ダイボロ
デンボロ
エエボロツボロ
ツーボロカイボロ

カタツムリ系

1 カタツブリ、カタツムリ
2 カタツモリ
3 カタカタ
4 カタカタバイ
5 カタタン
6 カタト
7 カタジ
8 カタクジリ
9 カッタナムリ
10 ガト
11 カサツムリ
12 カサツブリ
13 カサツブレ、カサツンブレ
14 カサツブ
15 カサノマイ、カサンメ
16 カサッパチ、カシャパチ
17 ガダツブレ
18 ガダツムリ
19 カナツブ

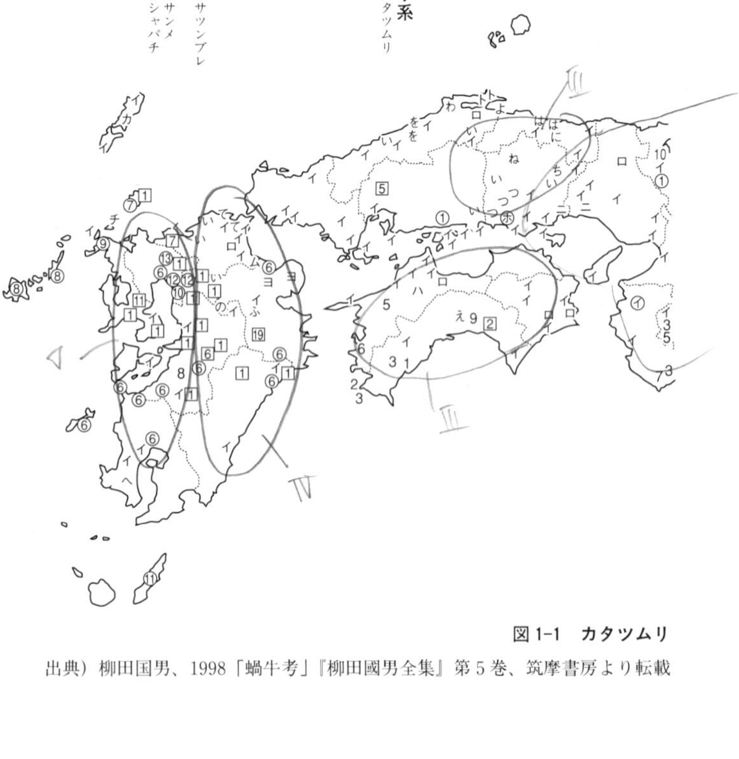

図 1-1　カタツムリ

出典）柳田国男、1998「蝸牛考」『柳田國男全集』第 5 巻、筑摩書房より転載

1 民俗の多様性

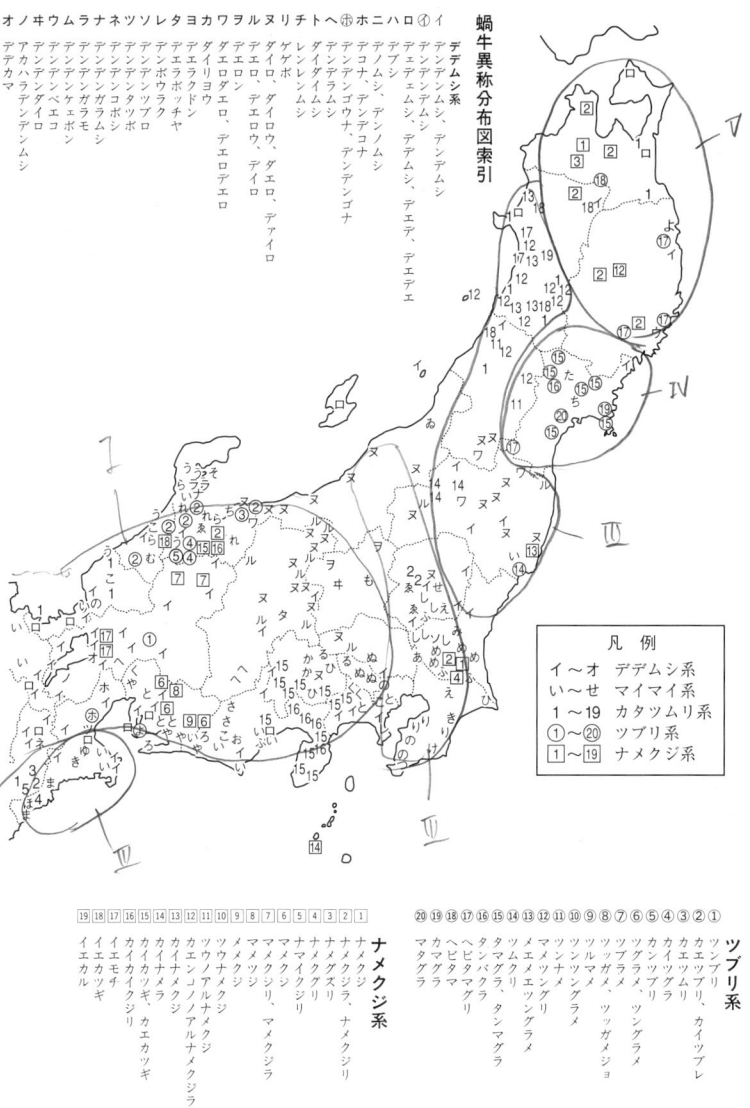

の異称分布

**柳田国男の
〈方言周圏論〉**

　日本民俗学の創始者である柳田国男は、歌人、国文学者でもあり、言葉について深い造詣を持ち、またたいへんな関心を寄せていた。日本の各地で使われている言葉の近似と差異への興味から、1927（昭和2）年には、動植物の名称、挨拶言葉について全国レベルの調査を行った。それをもとに書かれたのが『蝸牛考』である。カタツムリの名称を、デデムシ・マイマイ・カタツムリ・ツブリ・ナメクジ・ミナ・新名称・系統不明の八つに分類し、全国方言地図を描いた（図1-1参照。分布図には5系統のみが表示されている）。そして、それらの各系統は同心円状の分布を示し、それは言葉の新旧を表しているとした。

　柳田によれば、文化の中心地に生まれた新しい言葉が発信されると、それは池に石を投げ入れたときにできる波紋のように、輪を描いて各地に広まってゆく。その後も繰り返し新語が発信されることで、いくつもの輪が幾重にも同心円を描くことになる。同じ言葉を使用している地域はバームクーヘンの層のようにそれぞれの"圏"をかたちづくる。日本は長らく京に都があったため、ここを文化の中心地と仮定した。そのため、京に近い土地では比較的新しい言葉が使用されており、京から遠い土地では古い時代の古語が残っているとしたのである（図1-2参照）。この仮説によって日本列島の端と端で同様の言葉が残っていること、近隣の地域よりもむしろ思いもよらない遠隔地に同類の言葉が存在する「遠くの一致、近くの不一致」を説明しようとしたのである。つまり、この説は、地域にみられる言葉の違いは、その言葉の伝播した時代の遅早を示し、「空間差＝時間差」という図式を描きあげたものであった。

　この柳田の〈方言周圏論〉は、『蝸牛考』の段階では言語伝播についての仮説であったが、後継の者は、次第に民俗文化全般に適用

1 民俗の多様性

☆ 京都
▱ 日本列島

図1-2 カタツムリ異称の周圏概念図
出典) 柴田武、1980「解説」柳田國男『蝸牛考』岩波文庫より転載

できるかのような錯覚に陥っていった。つまり、〈周圏論〉の美しさに魅了されて〈民俗文化周圏論〉とでもいうべき説があらわれてきたのである。また、柳田が〈方言周圏論〉を編み出すにあたっては、ドイツの農業経済学者であるチューネン（Thünen, J. H.）が農業立地論のモデルとして仮想した"孤立国"を参考にしているといわれている。チューネンは「自然条件がどこも同じで、他地域と没交渉の孤立国を考えた場合」に、「都市を中心に自由式・林業・輪栽式・穀草式・三圃式・牧畜の各農業圏が同心円状に配列する」とした。チューネンの農業経済論のモデルを言語伝播論の構築に援用した柳田自身の頭の中にも、もしくは、言語だけではなく村落経済をはじめとする"民俗"全般にも敷衍できる理論になりうるとの考えがあったのかもしれない。

しかし、チューネンが「自然条件がどこも同じで、他地域と没交渉の孤立国を考えた場合」にのみ"孤立国"が設定できるとしたよ

うに、これは、あくまでも"絵に描いた餅"の理念型でしかない。池に石を投げ入れても、池の中に小島があったり、途中に草が生えていたりすれば、水面の波紋の同心円が崩れるのと同じである。地理的に山や川に隔てられ、しかし時には、その山や川の道を利用して交通してきた人々の生活は、「自然条件がどこも同じで、他地域と没交渉の孤立国」ではありえなかったのである。そのため、〈民俗文化周圏論〉の志向はやがて途絶えていった。

しかしながら、柳田の〈方言周圏論〉は、言語地理学の分野からは再評価されてきている。『蝸牛考』発表当初は、動植物の名称といった名詞や単語、つまり語彙のみを扱ったもので、各地の文法や発音の差異と近似にはなんら注意が払われていないと批判を受けた。しかし、方言学の中でも、語彙と文法と発音の問題のいずれをも充足させるような日本語の生成と伝播を説明する体系を持ちえていない。語彙だけを対象とした非常におおざっぱな仮説ではあっても、〈方言周圏論〉は方言の分布を説明する原則の一つとして認識されつつある。

1993年に大阪・朝日放送の「探偵!ナイトスクープ」というテレビ番組の企画から始まった"あほ"と"バカ"という罵り言葉の境界線はどこかという論題が『全国アホ・バカ分布考』という本になった。分析の結果についてはいささかこじつけを感じることも否めないが、テレビ局の情報収集量に圧倒されるとともに、読み物としてはたいへん面白いので、一読を薦めたい。

東日本と西日本の民俗文化の変差

日本列島の文化領域の区分については、岡正雄、和歌森太郎、宮本常一、大野晋、佐々木高明、大林太良、網野善彦、上野正男らからさまざまな提起が行われてきた。文化人類学、歴史学、民俗学と分野もさまざまで

あり、植生の特徴とそれに合わせた農耕の違い、歴史的事象、社会組織の構造、服装や入浴といった生活文化、生活用具、言葉などなど、比較対照とされたものも多種多様である。それらの領域区分を概括すると、①東日本と西日本、②北日本と南日本、③太平洋側と日本海側、④海浜部と山岳部といった対比によって区別することが可能であるが、それらの区分はどれか一つではなく、複数が交錯、重層しながら全国を覆っている。

その中でも、最もなじみ深く人口に膾炙(かいしゃ)している区分が①東日本と西日本という二分方法であろう。関東と関西という言い方もされる。東西日本の変差を身近に感じることができるのが食文化の違いである。正月の雑煮に入れる餅が丸餅（西）か角餅（東）かという話はよく知られたことで、2004年には文化庁でもインターネットを通じて情報収集を行い、全国雑煮100選の結果を公開している。しかし、食文化の変差は雑煮ばかりではない。ダシもネギも調味料も違う。西日本の玉子焼きは塩で味つけするが、東日本の玉子焼きは砂糖を入れて甘い味つけをする。いまでこそ関西にも蕎麦屋の暖簾をあげた店がみられるようになったが、かつての西日本には、うどん屋はあったが、蕎麦屋はほとんどなかった。蕎麦はうどん屋の副メニューとして存在するくらいであった。では、関西はうどん文化圏で、関東は蕎麦文化圏なのかというと、一概にそうとはいえない。東日本でもうどんは家庭で日常的に食べられていた。町場(マチバ)の蕎麦屋が多いか、うどん屋が多いかという商い屋の店数の多さと、家庭で蕎麦・うどんのどちらを好んで食べていたかという問題は、まったく別に考えなければならないことであろう（図1-3参照）。また、「関西の人は納豆が嫌い」という話もよく耳にするところであろう。確かに納豆を好まない関西人は現代でも多いし、スーパーの棚をの

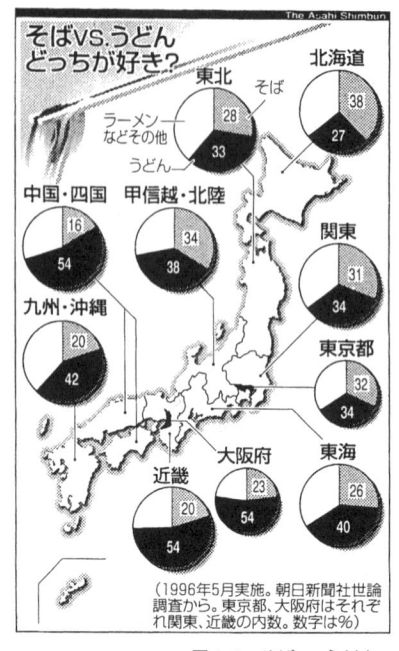

総務省統計局の事業所・企業統計調査（99年）によると、全国にはそば・うどん店が3万4526軒ある。

都道府県別にみると、多い都道府県のトップは東京都で6236軒、2位が埼玉県で2705軒、以下、大阪府2448軒、神奈川県2361軒、愛知県2237軒と、やはり都市部に集中している。

一方、1万人当たりの店舗数で比べた場合、1位は讃岐うどんで有名な香川県で5・67軒、2位が東京都5・16軒、以下、群馬県5・00軒、栃木県4・40軒、埼玉県3・89軒と続く。うどんの本場といわれる大阪府は2・78軒で12位と意外に少ない。

そば・うどん店舗数 人口比で香川トップ

図1-3　そばvs.うどん　どっちが好き？

出典）朝日新聞2002年1月4日朝刊より転載

ぞいてみても、関西では納豆を並べるスペースは関東に比べて極端に狭い。もしくは、「うちの近くのスーパーではどこも納豆は置いていません。東京に出てきて初めて納豆を見ました」と、数年前に高知県出身の学生から聞いたことがある。しかし一方で、同じ西日本でも熊本県はたいへんよく納豆を食する県である。また、糸引き納豆はあまり食べない関西にも、塩納豆や甘納豆と呼ばれる半乾燥の納豆をつくっている地域があり、保存食品、お茶請けとして普及している。

1 民俗の多様性

表 1-1 日本の東西民俗変差

	《東日本》	《西日本》
中心地	江戸	京・大坂
中世の戦闘法	武士・騎馬	海賊・乗船
年貢・献納品	絹布	米
財産・富	動産・金銭	不動産・土地
通貨制	金本位制	銀本位制
言語	子音的・促音	母音的・濁音
飯を炊く時間	朝炊き	昼炊き
残り飯の利用	雑炊	茶漬け
出汁	鰹だし	昆布だし
醬油	濃口	薄口
甘味	砂糖	清酒・みりん
麵類	蕎麦	うどん
小麦製細麺	冷麦	素麺
ねぎ	根深・白葱	葉葱・青葱
卵焼き	甘み	塩味
納豆	糸引き納豆	塩納豆・甘納豆
うなぎの調理	背開き・蒸し焼き	腹開き・直焼き
好みの魚種	赤身の魚	白身の魚
すし	握り寿司	押しすし・なれ鮨
年取り魚	鮭	鰤
正月餅	角餅	丸餅
食肉	豚肉	牛肉・鶏肉
村落景観	家々の分散	家々の密集
耕作地	畑作	稲作
使役動物による耕作	馬耕	牛耕
狩猟動物	熊狩り	猪狩り
辻・境界の神仏	道祖神	地蔵
家畜の供養	馬頭観音	牛サンマイ
運搬具	背負子	天秤棒
下穿き	袴	褌
入浴	湯	風呂
座敷の間割り	柱割り	畳割り
煮炊き施設	イロリ・鍋	カマド・釜

出典）章末の参考文献をもとに筆者作成

このような食文化だけではなく、あらゆる生活習慣の上での東西差が、報告、分析されてきている（表1-1参照）。確かに大きな枠組みでは東西で違いはあるものの、この比較が江戸（東京）と京阪神を代表として取りあげたものであることに注意を払わなければならないし、ここに挙げたうどんと蕎麦、納豆の好悪といった東西差の代表のようにいわれてきた事柄についても、中身をよくみてゆくと、東日本と西日本の違いといってしまってよいのかどうか、疑問のわく事柄もたくさん存在しているのである。

東西文化領域は古代に決定？　先に挙げた大林は、東日本に顕著な〈同族組織型〉の社会組織にあらわれる〈マキ〉を説明するにあたって、〈マキ〉という同族を指す呼称の分布と、平安時代以降に中部以北で経営された官営牧場の分布とが重なっていることを理由に、牧の経営体としての労働組織がマキという同族組織の原型となったとした。さらには、「まさに関東・中部境界の山地は高句麗からの移民の居住地域であって、かれらは古墳時代に満州・北朝鮮の故郷から馬飼育と雑穀の栽培を伴なって渡来したものと思われる」（大林［1996：19］）としている。たいへんにロマンティークで魅力的な見解ではあるが、1000年近くの時間を飛び越えて、古代と現代を結びつけようとする姿勢であり、その長い年月、そこに生き死にしてきた人々がさまざまに手を加えてきた文化変容の足跡を考慮しない見解であるので、すぐさま首肯はできないのである。

　東西の地域差について、大林はその形成が古代にまでさかのぼるとして、「縄文時代に、生態学的領域の相違に応じて二大文化領域が成立してしまうと継続し固定化する傾向がある。境界が一度できてしまうと、その後の伝播もなかなかこの境界線を越えていくことができなくなる」（大林［1996：34］）と述べる。いったん〈型〉もし

くは〈枠〉ができてしまうと、その後もそれに見合った事象が選択され、〈型〉に沿った文化形成が繰り返されてゆくというのであろう。それならば、その最初の文化の〈型〉とはいったいどのようなものであるのか。それが縄文時代に形成されたとするのならば、地理・歴史・民俗を研究する者は、こぞって縄文時代を解明せねばならなくなる。

　確かに、日本列島の東と西には現実として顕著な地域差が存在している。その事実を実感することはわりに容易である。しかし、それがなにに遠因するものなのかを特定することは、非常に難しい。地域と時代を巨視的にみる視点も必要である。しかしまた同時に、時代と地域を微視的にみる視点も必要である。レンズのフォーカス(焦点)は、マクロにすぎてもミクロにすぎてもうまく実像を結ばない。両方を行き来し、その地域のその時代の実情を最もよくくっきりと示す焦点を、私たちは自ら見つけ出さねばならないのである。

地元の地域差の認識　最初に〈文化領域〉のスケールの違いについて触れたが、もっと微細に地域をみてゆくことが可能である。地方に旅に出たときは地方局のテレビ番組や新聞、中でも天気予報の地域区分に注目するとよい。たとえば、福島県では県内が会津・中通り・浜通りの3地域に分けられて、それぞれの予報がされる。そして、この区分は山間・内陸・沿岸といった地形的な違いだけではなく、民俗文化の違いとも重なっているのである。秋田県もまた民俗文化は一様ではない。明治維新の廃藩置県直前の県北にはかつての津軽藩・南部藩の一部が含まれており、県央・県南は佐竹藩領であった。言葉や食習慣がまったく違うことに加えて、時には「県北は別だから」「県南の方は別だから」と、お互いを同種と認めないかのような発言も聞かれる。富山県の県域

東日本と西日本の境界——寝物語の里　　COLUMN 1

　関東・関西という言い方がある。しかし、漠然と関東・関西と言うだけで、「関の東」「関の西」の「関」とはどこを指すのか。東西の境界線はどこかについて論じられるとき、必ず登場するのが関所の所在で、代表的なものは箱根の関である。ここは、江戸時代に江戸内外の〈入鉄砲出女〉を厳戒した関所であったため、その東西での行き来が極端に規制されていた。

　しかし、東西を分ける関は、逢坂の関(滋賀県大津市)、不破の関(滋賀県不破郡関ヶ原)、新居の関(静岡県浜名郡新居町)、足柄の関(神奈川県上足柄郡南足柄町)など、古代から近世まで次第に東に移ってきていて、時代によって境界と目される位置は変化してきた。

　現代において東西日本の境界を設定しようとすると、言葉の問題一つをとっても、語彙・語法・イントネーションなど、それぞれの比較項目によって境界線は異なり、何本もの線を引くことになるし、また各々の線は直線ではなく非常に複雑な曲線を描く。言語、食習慣などさまざまな項目の境界線は、愛知・静岡から長野・岐阜を経由して、富山や新潟に抜けており、その多くが地形的な境界線である糸魚川・静岡構造線にほぼ重なることが指摘されてきている。

　このように"日本列島の東西の境界はどこか"を、一つのポイントもしくは1本のラインで特定することはとても難しいことではある。しかし、ここに1カ所、たいへん興味深い土地がある。それが、〈寝物語の里〉と呼ばれる長久寺村である。

　かつての長久寺村を行政地名でいうと、滋賀県坂田郡山東町(現・米原市)長久寺と岐阜県不破郡関ヶ原町今須とにまたがっている。伊吹山の南、「天下分け目の合戦」といわれた関ヶ原古戦場のすぐ西である。旧中山道に沿い、柏原宿と今須宿の間にあたった。ここで、享保年間(1716-1736)に編纂された『近江國輿地志略』巻之八二に記されている記述を紹介しよう。

　　長久寺村　柏原の東にあり。寝物語といふは是なり。古昔この邊に兩國山長久寺といふ寺ありし故、今村の名となれり。(中略)近江美濃兩國の界なり。家数二十五軒あり、五軒は美濃國地、二十軒は近江の國地なり。美濃の國よりは專寝物語といふ。蓋壁一重を隔、美濃近江兩國の者、寝ながら物がたりをするといふのこと、畢竟相近きの謂なり。兩國のさかいには、

はづかに小溝一をへたつ。五軒の家は美濃なまりの詞を用ひ、
　　専金を遣ふて銀を通用せず。二十家は近江詞にして、銀を通用
　　す。（後略）

　つまり、長久寺という寺があったため、この村は長久寺村と呼ばれるようになった。その山号は「兩國山」といって、まさにこの地が近江（滋賀県）と美濃（岐阜県）二つの国にまたがることを示していた。この村は家軒数25軒で、そのうち近江側が20軒、美濃側が5軒で、互いを隔てるものは、川とも呼べないような小溝一つで、国境に位置する隣同士の家では、壁を隔てて、寝ながら世間話ができるほどの近さであることを述べている。そのため、〈寝物語の里〉という雅やかな名で呼ばれていたという。

　ましてや、この村では、同じ村内であるにもかかわらず、近江側と美濃側とで話し言葉が違うといい、物品の価値をはかるときの基準単位が、金本位制か銀本位制か、この村を境に違っているというのである。確かに近世期は江戸側の東日本は金本位制、京坂側の西日本は銀本位制であった。東では「金一両が米何石」、西では「銀一匁が米何石」と、物価をはかる基準が異なっていた。これはたとえば、現代の私たちが海外にでかけたときに、他国の物価の高さや安さに驚き、国によって物の価値に違いがあることに気づくのと同じことである。かつての日本では、列島の東西で通貨レートが違う時期があったということで、この長久寺村では、その両レートが村内を二分してそれぞれに通用していたというのである。

　長久寺村では、正月の雑煮に入れる餅の形状も、東側が角型、西側が丸型と村内で分かれていたという。最近は、東側からお嫁さんが来て丸餅から角餅に変わった家や、自宅で餅を搗かずスーパーで購入するようになってから角餅になったという家もあって、角餅と丸餅の東西差は、以前ほどはっきりとしたものではなくなってきているが、まだまだ東側は角餅、西側は丸餅の形勢は残っている。

　なかなか特定することの難しい東日本と西日本の境界を、ここ長久寺地区は、生活文化の中にそれを体現しているかのような土地で、たいへんに興味深い。長久寺という村名の起こりともなった寺院が消失しても、間近に高速道路の通る時代になっても、人々の暮らしの文化はそうたやすく動じるものではないことを教えられる。

のほぼ中央に呉羽山という山がある。山というよりは丘陵地、微高地といった方が適切なほど、人々の交流をさえぎるほど高い山でもなければ急峻な山でもない。しかし、その東西で高岡・氷見側を呉西といい、富山・滑川側を呉東といって、それを境界に、やはり言葉も食習慣も違っているし、時には人情気質までもが違うと認識している。このような地域の変差は、人類学の文化領域論でも、柳田の周圏論でも取り逃がしてしまうものであろう。縮尺が大きすぎてこぼれ落ちてしまうのである。

海の道と川の道

関東近県や東北地方で、「近江屋」「伊勢屋」という屋号の酒屋さんや雑貨屋さんに出会うことがある。このような店は何代か前の先祖が近江（滋賀県）や伊勢（三重県）から行商にやってきたものであることが多い。「近江泥棒　伊勢乞食」と揶揄されることもあるほど、近江商人と伊勢商人は旺盛な商活動を行った代表的な行商人であった。東日本に行商に行くことを「カントベ（関東ベ）に行く」といい、江戸期の川柳に「伊勢屋　稲荷に犬の糞」と詠まれ、江戸市中には稲荷社と落ちている犬の糞と同じくらい伊勢屋という屋号の店が多かったことを示している。

そして、このような商活動をきっかけに文化が伝播されたり、一方的に伝わるだけではなく互いの文化が流入し合うことが往々にしてあった。このとき、交通や交易の問題も考えなければならないし、特に陸上の道のみではなく、海の道と川の道も大きな役割を果たしていたのである。

日本海側の地方都市の民家の蔵には、有田焼や唐津焼など現在の佐賀県産の焼き物全般を総称する伊万里焼が保存されていることが多い。伊万里焼に限らず江戸期の磁器を多く残す土地が点々と分布

している。また、山形県酒田市には江戸時代の雛人形が多数残っている。かつて酒田の港からは、最上川流域から集まってきた地場産の米や紅花が、北前船によって大坂など上方（関西）に運ばれた。そして、その帰り荷として塩や瀬戸物などの日用品、もしくは雛人形などの装飾品や調度品が都から運ばれてきた。船は重しになるものがないと不安定になるため、空荷で帰って来ることはなかったのである。酒田では、現在では京都でも珍しくなった享保雛、相生雛など古式の雛人形が保存され、毎年3月近くになると美術館をはじめ旧家の座敷でも公開されている。このような現状は、江戸時代の北前船の廻船航路を考慮しなければ理解できないことである。交易が文化のつながりをもたらした好例といえる。

　ひるがえって太平洋側の例を挙げよう。千葉県房総半島の銚子は、利根川河口に開けた町である。ここには紀伊国（和歌山県）の漁民が黒潮に乗ってやってきて、早くから村落を形成していたといわれている。そして、醤油を東日本で生産するようになったのも、やはり銚子に定着した紀伊国の人々であるとされている。江戸初期の醤油は、上方からの下りものでたいへん高価であったが、文化文政期ころまでに江戸でも普及するようになり、江戸中期になると銚子・佐原・成田・野田（千葉県）や、玉造・土浦（茨城県）、川越（埼玉県）などでつくられるようになって、醸造業が発達した。現代の日本における代表的な醤油醸造メーカーである「ヤマサ醤油」の初代創業者濱口儀兵衛は紀伊国（和歌山県広川町）出身で、紀州と銚子を何度か往来するうちに、新しい漁法を房州に伝え、銚子外川港の築港に尽力した、同じ紀州出身の崎山次郎衛門に触発され、1645（正保2）年に紀州から銚子に移り、ヤマサ醤油を創業したという。房総は日本での醤油発祥の地である紀伊と気候が似ていること、関東の一大

穀倉地帯であった地域と近接し、原料となる大豆や麦や米に事欠かなかったことが、銚子を醤油の一大生産地として後押しした。

そして銚子には、現代も自らの出自を紀州に求める人々が暮らしている。1898（明治31）年には銚子に移住した紀州人の子孫約300人が「銚子木国会（モッコクカイ）」を結成し、1903（明治36）年には妙見町妙福寺に「銚子港もと海浜の一僻地、今日の繁栄はひとえに我が紀国人の開拓の功による」と、紀州から移住した先祖の遺徳を顕彰する「紀国人移住碑」が建てられ、毎年5月に慰霊祭を執り行っている。この「木国会」は現在も継続しており、2003（平成15）年には和歌山県の中でも醤油発祥の地といわれている湯浅町への交流探訪を行っている。

他方の千葉県野田市も「キッコーマン」の前身である「野田醤油」の創業地として知られている。野田は東を利根川が流れ、西に江戸川が流れるため、両河川を経由すれば、半日で大消費地である江戸に物資を運搬することができる立地にあった。そして、利根川水運は、醤油をはじめとする物資以外にも、文化を運んだ。利根川流域の茨城県水海道市（現・常総市）や岩井市（現・坂東市）、埼玉県杉戸町には、香取神宮（千葉県佐原市、現・香取市）の分社が地域の鎮守として多数存在しているのである。

また、水郷の里として有名な千葉県佐原市（現・香取市）も、江戸期から酒・醤油の醸造業が盛んな土地であるが、ここは「北総の小江戸」とも呼ばれ、利根川水運を通じて江戸文化を大いに吸収した町場である。毎年7月に行われる八坂祇園祭、10月の諏訪神社秋祭りの曳山は、もともとは醸造業を営む大店が作業に従事する職人に店の印を染め抜いた半纏を着せて祭りに出していたものだという。そして、曳山の運行に奏される囃子は、江戸歌舞伎の下座囃子を取

り入れているといわれている。川筋が変わるが、荒川流域の埼玉県川越市も江戸期に醸造業が盛んになったところで、ここもまた「小江戸」として名を馳せている。川越祭りは江戸の「天下祭り」と呼ばれた神田祭りや山王祭りの流れをくむといわれ、曳山の形、手古舞、囃子などが江戸の祭礼のそれと近似している。川越城に入った松平信綱が陸路の川越街道や舟運の荒川新河岸川の整備を行い、物資を江戸へ、江戸文化を地元へ移入することに尽力したためとされている。これらの例は、河川を利用した舟運が、物資とともに文化を運んだよい例といえよう。

このように人々の生活文化を詳細に追ってゆけば、文化の伝播や流入が、自然現象の水紋のように、均一な波動で広がってゆくものではないことがわかるであろう。

〈文化領域〉を考えるときのスケールをどの単位に定めるかは、難しい問題である。そして、さきに紹介した日本の文化領域論を大林自身が「伝統的な諸類型は理念型だと理解してほしい」と述べている（大林［1996：32］）ように、研究者が客観的な大きな枠組みで分類したものである。巨視的視点はもちろん必要であるが、むしろ、地域に住む人々からの聞き取りを研究の基本に置く民俗学は、その地域の人々がその地域差をどのように認識しているかに大きな関心をはらうべきであるし、そこに民俗学としての特性、独自性があるのではなかろうか。

**均一化の中に
あらわれる独自性**　「一億総東京化」「均質化」という言葉が使われるようになって久しい。1990（平成2）年に解散した九学会連合が最後に掲げた共通課題も「地域文化の均質化」であった（九学会連合［1989］）。しかし果たして本当に「質」が変化してきているのであろうか。筆者はこれに大きな疑問を抱い

ているため、見出しにはあえて「均質化」ではなく「均一化」という言葉を使った。

　同書の中で、平山和彦は天狗・山姥といった山村特有の妖怪はもとより、俗信一般については、平地農村より比較的色濃く伝承されてはいるものの、消費生活を中心に農村への均質化が著しいとした（平山［1987］）。しかし、倉石忠彦は、松本周辺農村と東京における生活暦の変化を比較した結果、松本では簡便な暖房器具の普及によりかえって冬季が以前より長くなり、夏季が短縮する傾向にあり、東京においては冬季の意識が異常に短く、春の期間が肥大する傾向に変化してきているとした。そうして両地域では季節ごとの生活のリズムが変化しつつあることを指摘しながら、「それは同一の方向に変化しているわけではない」といい、季節の感覚にも差異が目立ち、均質化に向かっているとはいいがたいと結論づけた（倉石［1988］）。平山と倉石が共通の課題に対して相反する結論を導き出している点が興味深い。

　確かに現代は、どの地方に行っても駅舎や県庁、市役所、町役場にいたるまで建物はみな同じようなカタチにつくり変えられ、バイパス沿いには全国にチェーン展開する食べ物屋、服飾品店が軒を連ねている。しかし、これは表層上の「均一化」もしくは「類型化」にすぎないのではなかろうか。東京と同じ様式のカタチやウツワが移入されても、その利用の仕方までが同様であるとは一概にはいい切れないからである。見た目が「均一化」したとしても、それを利用する人々の意識に違いがあり、利用方法が異なるのならば、それは「均質化」とはいえないのである。

　さきに「東西差」を述べた節でうどんと蕎麦を例に出したが、カップ麺にも東西差はある。各製麺会社は麺だけではなくそれぞれに

独自のツユの改良を行ってきた。関東で好まれる味、関西で好まれる味を、味覚の優れた社員が各地を食べ歩くことで開発し、長年にわたって商品改良に役立ててきていた。しかし、それまでは企業秘密であったはずの〈味〉の開発を、2000年ころから消費者に対して公開し、共感を得ようとする姿勢が強まってきた。日清食品はカップ麺の上蓋の裏面に「どん兵衛は東西のお客様の嗜好に合わせて、だしにこだわっています」「東のつゆは濃口醤油に鰹だしのすっきりとしたキレ。西のつゆは淡口醤油に昆布だしのまろやかなコク」という解説とともに、その東西差の分岐ラインまでを印刷してみせた。それに続いて航空会社のJALが機内食として出す"うどんですかい""そばですかい"というカップ麺もまた、「うどんは昆布だしが決め手の関西風、そばはかつおだしと醤油のきいた濃口の関東風」と、東西の味覚の差をうたうようになった。東日本向けのカップ麺にはEASTを表す「E」というマークが、西日本向けのものにはWESTを表す「W」というマークが刻印されていることも公表した。これを受けて、一時期は出張で東日本と西日本を行き来するサラリーマンの手軽なお土産としてひそかなブームにもなった。これは、全国的に名の知れたカールやポッキーといった商品に、地域限定の味つけのものをメーカーが開発販売する流れと並行するもので、全国普及版に地方版、つまりは地方色、独自性を打ち出そうとする動きと捉えられるであろう。

　あるいは、その土地で生産したものをその土地で消費するという「地産地消」の動き、子どもたちに豊かな食生活を経験させることを教育の一環と捉える「食育」の動きも手伝って、最近は学校給食の中で地元の食材を使って、地元に伝わる献立を提供する学校も増えつつある。また、各地の幹線道路沿いにつくられた「道の駅」で

は、工芸品などとともに地元産の生鮮食材が積極的に販売され、インターネット上で産直品の通信販売を行う団体や、地元食材の調理法を紹介する農協・漁協婦人部の活躍も目立ってきている。全国どこにでもある「道の駅」、瞬時にして世界をつなぐインターネットを利用するといった方法は、一見すれば均質化を促す行動のようにも受け取れるが、しかし、これはより簡便で機能的に優れた媒体を活用しているだけのことであって、そこで彼らは自らの地域の「独自性」を発信しているのである。

利用する媒体は、確かに均一化を促す性格を備えているかもしれないが、媒体の特性に目を奪われてはならないと思う。それはあくまで媒体は媒体だからである。媒体を利用する人々の姿勢や心性をすくい取るのが民俗学であろう。カタチが均一化する傾向とともに、一方ではそれぞれの地域が「独自性」を強調する傾向も存在し、それは媒体の高機能を後ろ盾にして津々浦々まで伝達されるようになっているのである。その結果として地域毎の「多様性」を顕在化させることにもなっている点に、注意しなければならないであろう。

民俗学は、フィールドワークに出かけ、地域の人々から直接話をおうかがいし、その生活に近接できる学問である。見た目の変化やカタチに惑わされずに、人々がなにを感じ、どのように認識しているのか、その行動の本質的な意味はどこにあるのか、その実態をすくいあげることに重きをおかねばならないと思う。

引用文献

大林太良　1996年「社会組織の地域類型」ヨーゼフ・クライナー編著『地域性からみた日本—多元的理解のために—』新曜社

倉石忠彦　1988年「生活暦の変貌」九学会連合編『人類科学・特集号

地域文化の均質化に関する総合的研究Ⅰ・Ⅱ・Ⅲ』41号
平山和彦　1987年「半世紀の民俗とその均質化」九学会連合編『人類科学・特集号　地域文化の均質化に関する総合的研究Ⅰ・Ⅱ・Ⅲ』40号
柳田国男　1969年『蝸牛考』『定本柳田国男集』第18巻、筑摩書房
柳田国男　1980年『蝸牛考』岩波文庫
柳田国男　1998年「蝸牛考」『柳田國男全集』第5巻、筑摩書房

参考文献

網野善彦　1982年『東と西の語る日本の歴史』（そしえて文庫7）そしえて
大林太良　1996年『東と西　海と山―日本の文化領域―』小学館
大野晋・宮本常一ほか　1981年『東日本と西日本』日本エディタースクール出版部
佐々木高明　1982年『照葉樹林文化の道―ブータン・雲南から日本へ―』（NHKブックス422）日本放送出版協会
佐々木高明　1997年『日本文化の多重構造―アジア的視野から日本文化を再考する―』小学館
毎日新聞地方部特報班編著　1996年『県民性大解剖「隣り」の研究』毎日新聞社
松本修　1993年『全国アホ・バカ分布考―はるかなる言葉の旅路―』太田出版
ヨーゼフ・クライナー編著　1996年『地域性からみた日本―多元的理解のために―』新曜社

2 民俗学の流れと現在

谷口　貢

民俗学の発達　学問としての民俗学が成立したのは、19世紀のヨーロッパ諸国においてである。民俗学という言葉は、英語のフォークロア (folklore) に対応する語とされ、イギリスの古代研究家のトムズ (Thoms, W. J.) が 1846 年にはじめて folklore という語を使用したといわれる。その内容は民間知識であり、記録に残されていない古風な風俗習慣、行事、信仰、伝説、民謡、諺などを研究する学問であった。フランス語のトラジシオン・ポピュレール (tradition populaire)〔伝統〕やドイツ語のフォルクスクンデ (Volkskunde) という語も民俗学の同義語として用いられている（関 [1960：3-5]）。ヨーロッパの文明社会に残存する古風な文化が、近代化による社会変動の中で急速に失われていくことによって、自国の伝統文化を再構成できなくなるのではないか、といった危機意識から民俗学は誕生したといえる。しかし、民俗学の研究範囲は国々によって異なり、また時代や研究者によって必ずしも一致しているわけではない。昔話・伝説・民謡といった口頭伝承を中心にするものから、ドイツの民俗学のように生活文化の全領域を対象にするものまでみられるのである。

民俗学と民族学　民俗学と民族学は、両方ともミンゾクガクという同音になるために間違われることが多い。英語では folklore（民俗学）と ethnology（民族学）になっているので、用語の違いは明らかであるが、それでも混同されることがあるのは、二つの学問が密接な結びつきをもって展開してきたからである。民俗学が自国の生活文化を研究する学問であるとすれば、民族学は世界の諸民族の文化を比較研究する学問として規定することができる。しかし、ヨーロッパの初期研究においては、両者の違いは必ずしも明確ではなかった。社会の変貌による伝統文化の急激な消滅は、自国の文化のルーツを再構成することを困難にした。そのために、他民族の文化との比較研究を進める必要性があり、民俗学と民族学は連繋を強めることになった（岡 [1960：175-183]）。民族学（文化人類学）の古典的名著とされる、イギリスのフレーザー（Frazer, S. J. G.）の『金枝篇』(1890) やフランスのファン・ヘネップ（van Gennep, A.）の『通過儀礼』(1909) などは、フォークロアの研究としても評価されていた。実際、フレーザーやファン・ヘネップは諸民族の文化の比較だけでなく、自国の文化にも強い関心を持って研究を行っていたのである。

ヨーロッパの民俗学は、必ずしも一民族、一国民に研究対象を限定するものではなかったが、グリム兄弟（Grimm, J. & W.）のメルヘン研究にはじまるドイツの民俗学は、ドイツ民族が持ち伝えた民俗文化の総合研究を主張した。そして、フォルクスクンデ（Volkskunde、民俗学）とフォーカークンデ（Volkerkunde、民族学）の間には明確な一線が引かれることになった（関 [1960：12-21]）。日本では、初期にさまざまなかたちにおいて民俗学と民族学の研究者同士の交流がみられたが、やがて互いに独自の道を歩むことになった。

日本の民俗学は、ヨーロッパのフォークロアやエスノロジーの影響を受けて始動し、やがて柳田国男によって体系化がはかられることになるが、柳田が登場する以前の状況についてみていきたい。

国学の流れ　今日の民俗学で取り扱われている個々の民俗事象への関心は、『古事記』、『風土記』、『万葉集』などが成立した奈良時代にさかのぼることができるが、民俗事象に一定の価値を認め、それを調べて記録に残そうという動きがみられるようになるのは、近世中期に日本固有の文化や思想・精神を究明しようとして興った国学においてである。国学を大成した本居宣長(1730-1801) は、自らの考証や見解、見聞などを書き留めた随筆集『玉勝間』八の巻・萩の下葉の冒頭において、「かたゐなかには、いにしへざまの、みやびたることの、のこれるたぐひ多し、(中略) 葬禮婚禮など、ことに田舎には、ふるくおもしろきことおほし、すべてかゝるたぐひの事共をも、國々のやうを、海づら山がくれの里々まで、あまねく尋ね、聞あつめて、物にもしるしおかまほしきわざ也」と述べている (本居 [1934：307])。国学は古典の文献的研究を基本にしていたので、宣長が地方に出かけて実際に葬礼や婚礼などを尋ね歩いたわけではないが、現地で話を聞き、記録に残しておくことの重要性を訴えていたのである。伊勢国松坂において古事記の研究に打ち込み、『古事記伝』の完成を目指していた宣長の下には、地方出身の門人たちが多く集まっていた。おそらく、そうした門人たちがもたらした話題によって、地方には古風な「みやび (雅) たる」文化が残っているという認識を強めていったものといえる。

本居宣長が没すると国学の流れは多様化するが、民俗学との関連で注目されるのは平田篤胤 (1776-1843) である。出羽国秋田郡に生まれ、藩士を勤めた後に江戸に出て独学で国学を学び、宣長没後の

門人となる。篤胤は、死後に霊魂が行くとされる幽冥界に強い関心を示した。幼い頃天狗に連れ去られ、その使者となって仙界をめぐったとされる仙童寅吉から文政3 (1820) 年に行った聞き書きを『仙境異聞』、また武蔵国の勝五郎の生まれ変わり談の聞き書きを『勝五郎再生記聞』（文政5年）としてまとめている。

旅の見聞・地誌への関心

インタビュー記事ノ

江戸時代に街道筋の宿場が整備され、交通網が発達してくると、多様な階層の人々をまき込むかたちで遠隔地への旅が盛んに行われるようになった。特に伊勢参りなどの社寺参詣は、講を組織してくじ引きなどで順番を決めて参詣する代参形式が取られた。著名な神社仏閣や霊場への旅が普及すると、その途中で名所旧跡を訪れる旅も多様化していった。旅の見聞を紀行文あるいは道中記として書き記すことが盛んに行われた。

<u>18世紀の後半以降になると、寺社や名所旧跡を訪ねる旅ではなく、山間僻地にまで足を踏み入れて、その土地の風俗習慣を紀行文に書き記そうとする者が現れる</u>。橘 南谿（たちばななんけい）(1753-1805) は、京都の漢方医であったが旅を好み、天明年間 (1782-1788) に西国、東国の諸地域を巡歴したときの記録を『西遊記』、『東遊記』にまとめている。備中国の生まれで地理学者であった古川古松軒（こしょうけん）(1726-1807) は、各地を旅した紀行文を『西遊雑記』、『東遊雑記』に書き記している。西日本の旅は山伏に身をやつしての一人旅であり、東日本の旅は幕府巡見使に随行したときのものであった。これらの紀行文は、風俗習慣、言語、信仰、舟運、農具、物産などに及び、民俗資料の記録として貴重なものであった。

橘や古川のような通りすがりの旅ではなく、本居が求めていた現地で話を聞き、記録に残すような旅をより徹底して実践したのが菅（すが）

江真澄 (1754-1829) である。生地は三河国といわれ、国学・本草学を学び、30歳ごろから諸国の遊歴に旅立ち、その生涯の大半を東北各地の旅で過ごした。信濃、越後を経て奥羽に至り、さらに蝦夷地の松前に渡った。そして、文化8 (1811) 年に秋田藩の久保田城下にとどまり、藩主の要請に応えて出羽国の地誌編纂に従事した (柳田 [1998a：429-574])。各地の見聞記録は、旅日記の『真澄遊覧記』などにまとめられている。真澄の紀行文の特色は、民俗資料の詳しい記述がなされるとともに、対象物を正確に写生した彩色絵が挿入されていることである。

紀行文は旅行中の見聞を記したものであるが、近世後期になると郷土人が自らの生活世界を記録する郷土誌や地誌への関心が高まった。越後国塩沢の縮仲買の家に生まれた鈴木牧之 (1770-1842) は、家業の合間に学問に励み、江戸の文人らと交流し、雪国の風俗習慣、言語、奇談などを伝える『北越雪譜』を著したことで知られる。また、下総国布川の医者であった赤松宗旦 (1806-1862) は、利根川流域の地理や寺社、物産、風俗などを詳しく調べて『利根川図志』を著している。

近代の動向　近世後期の紀行文・随筆類にみられる民俗事象の記述、郷土誌・地誌への関心は、それ自体としては近代の学問へと成長・発展することはなかったが、後に台頭してくる各地の郷土研究者を輩出する下地になっていったものといえよう。明治時代を迎えると急激な近代化が進められ、学問の世界でもヨーロッパの新しい研究方法が紹介・導入された。初期の民俗研究の動向として注目されるのは、日本の人類学の草分けとされる坪井正五郎 (1863-1913) が中心となって、明治17 (1884) 年に人類学会 (後に東京人類学会と改称し、さらに日本人類学会となる) が結成されたこ

とである。学会誌として『人類学報告』（後に『東京人類学会雑誌』となり、さらに『人類学雑誌』となる）が発刊され、人類学や考古学関係の論文が多数を占めたが、日本の民俗研究に関する論文も掲載された。坪井は、諸人種の性質を比較する学問を人種学 (ethnology)、諸人種の風俗習慣を調べる学問を「土俗学」（民族誌学を意味する ethnography の訳語）とし、それぞれ人類学を構成する一分野であるとした（寺田 [1981：34-156]）。明治における日本の民俗研究は「土俗学」として出発したのである。その後、明治 26 (1893) 年に坪井や人類学の鳥居龍蔵 (1870-1953)、考古学・土俗学の中山笑（共古）(1850-1928) らが参加して土俗学の談話会である「土俗会」を発足させ、日本各地の新年や贈答、若者、育児、食事、妄信俗伝などの風習が共通の話題として取りあげられた。

郷土研究と柳田国男

地方の農村への関心が高まってきたのは、明治後期の日露戦争後である。戦争によって農村社会は、成年男子の出征による労働力不足に加え、牛馬の徴発によって農業の生産力を減退させ、さらに多数の戦傷死者が出たことによって労働力の回復すら望めない状況になっていた。そして、多大な戦費による財政の逼迫は戦後に経済不況をもたらし、農村社会の疲弊はよりいっそう深刻なものになった。政府は内務省の主導によって、町村財政の立て直しと農事改良の活発化、生活習俗の改良などを推進する地方改良運動を展開した。一方、農村社会においても、日本が農業国から工業国へと動き出した流れを受けて、都市への人口移動や農家戸数の減少が進み、農作物以外にも現金収入を得る必要性が増大してきた。この時期から、農村の生活は大きく変わっていったのである。

柳田国男 (1875-1962) は、東京帝国大学で農政学を学び、明治 33

写真 2-1　講演中の柳田国男・昭和 33 年
(写真提供：成城大学民俗学研究所)

(1900) 年に卒業と同時に農商務省に入り、農政官僚・農政学者として活動をはじめた。柳田が就職したのと同年に、農業協同組合や生活協同組合の前身にあたる産業組合の法律が制定されたのを受けて、産業組合を普及させるための視察と講演旅行を精力的に行った。その過程で農村社会の生活実態に深い理解を持つようになっていった。明治 42 (1909) 年に『後狩詞記』、明治 43 年に『石神問答』、『遠野物語』が相次いで刊行された。これらは、柳田民俗学の出発点を示す成果とされ、宮崎県椎葉村の狩猟習俗、民間の石神小祠をめぐる信仰の比較考察、岩手県遠野地方の民間信仰・怪異譚・伝説などの民俗誌をまとめたものである。

　明治 43 (1910) 年に教育家・思想家であり、農政学者でもあった新渡戸稲造 (1862-1933) 宅で「郷土会」という研究会が発足している。新渡戸・柳田を中心にして、郷土生活に関心を持つ多彩な人々が参加して例会が開催され、新渡戸が渡欧する大正 8 (1919) 年まで続いた。郷土会の活動で注目されるのは、大正 7 年 8 月に神奈川

県津久井郡内郷村（現・相模原市）の共同調査を実施していることである。この研究会と並行して柳田は、神話学者の高木敏雄（1876-1922）の協力を得て、大正2（1913）年3月に月刊雑誌『郷土研究』を創刊した。高木は創刊の辞ともいうべき「郷土研究の本領」において、「郷土研究の目的は、日本民族生活の凡ての方面の根本的研究であるから、この民族生活の舞台であり、同時にその発展の用件である郷土すなはち土地の研究は、この研究の必須用件である」とし、「この土地の上に発展した民族生活の研究に対して、材料となるものは、凡ての文献科学に於けると等しく、現在の事実と過去の伝承である」と述べている（高木［1913：10-11］）。そして、創刊号の奥付の「謹告」において、「各種の研究論文随感随筆、特に資料及び報告の寄稿を歓迎し同趣味者共同研究の機関たらんことを期す」という一文を掲げており、論文の他に各地の民俗事象の資料や報告の類が数多く寄稿されるようになっていった。高木は創刊の1年後に編集から退き、それ以後は柳田の編集となり、大正6（1917）年3月、第4巻第12号をもって休刊となった。柳田がかかわった『郷土研究』は4年間の刊行であったが、日本の民俗学における最初の本格的な研究雑誌であり、執筆陣は柳田・高木をはじめ、南方熊楠（1867-1941）、折口信夫（1887-1953）、金田一京助（1882-1971）、中山太郎（1876-1947）等々、その後の民俗学の発展に寄与した人々であった。

郷土誌への視角　　柳田は『郷土研究』に「巫女考」や「毛坊主考」を連載した他、民俗学の重要な論文を数多く発表している。また、『郷土研究』の編集方針をめぐって南方と柳田が論争したことはよく知られている。南方は「『郷土研究』の記者に与ふる書」と題した文章を寄稿して、『郷土研究』は地方

経済や地方制度の研究を標榜していながら、そうした内容の論文はまったく掲載されていないではないかと批判した（南方［1914：297-301］）。これに対して柳田は、自分が「ルーラルエコノミー」といったのは、地方経済や地方制度の意味ではなく、「若し強いて和訳するならば農村生活誌とでもしてもらいたかつた」と述べ、『郷土研究』は「『平民は如何に生活するか』又は『如何に生活し来たつたか』を記述して世論の前提を確実にする」のが目的であると主張している（柳田［1914a：429-430］）。南方の批判に答えるかたちで、柳田は『郷土研究』に郷土誌の方法論に関する諸論文を掲載し、これらを大正11（1922）年に『郷土誌論』という著書にまとめている。

柳田は「郷土誌編纂者の用意」（『郷土研究』第2巻第7号）という論文で、「郷土誌を作る人に欠くべからざる用意」として、(1)「年代の数字に大な苦労をせぬこと」、(2)「固有名詞の詮議に重きを置かぬこと」、(3)「材料採択の主たる方面を違へること」、(4)「比較研究に最も大なる力を用ゐること」の四つの点を挙げている。こうした観点から柳田は、明治後期から盛んに刊行された郡・町・村誌(史)などの郷土誌が「事変だけの記録」であったり、「貴人と英傑の列伝を組合せた」ような歴史記述になっていることの問題点を指摘している。郷土研究が、愛郷心の発露から郷土の中になにか優れた価値を見出そうとして、お国自慢的なものに偏することには批判的であり、郷土誌の目的が郷土人による郷土生活の自己認識にあり、郷土生活を営む上で直面する諸問題の解決に寄与するものであることを主張した。そして、採集資料を積極的に活用し、比較研究の重要性を訴えたのである（柳田［1914b：385-396］）。

日本民俗学の確立 　日本民俗学が柳田によって体系化されたのは、昭和の初期である。民俗学の概論書が

柳田によって、昭和9 (1934) 年に『民間伝承論』、昭和10年に『郷土生活の研究法』が相次いで刊行された。いずれも研究会や講演などで柳田が話した内容を口述筆記したものを基礎にしてまとめられたものであるが、柳田が構想する民俗学の考え方がよく示されている。柳田は民俗学者を標榜する人の中には、「古書に依つてのみ、当世の解すべからざる事物を解釈しようとする者」があるが、こうした文献学派に反抗してはじめて、ごく普通の人々の話を聞いて学ぶという新しい学問が起こったとし、「『民俗学』といふ語を普通名詞として使用することは日本ではまだ少しばかり早い」のではないかと述べている（柳田［1998b：16］）。柳田は「民俗学」という語の使用には慎重を期していて、概論書の書名にあえて「民間伝承」や「郷土生活の研究」という語を用いたのである。

　柳田は「民間伝承の研究の眼目」について、「民間即ち有識階級の外に於て（もしくは彼等の有識ぶらざる境涯に於て）、文字以外の力によつて保留せられて居る従来の活き方、又は働き方考へ方を、弘く人生を学び知る手段として観察して見たい」としている（柳田［1998b：20］）。柳田が『民間伝承論』で主張した特徴点を三つ挙げることができる。第1は、世界民俗学の確立に先立ってまず一国民俗学、つまり日本民俗学の確立が急務であることを説き、第2は、現在生活の横断面の観察によって社会事象の変遷過程を明らかにできるとする「重出立証法」（「横断面観察法」「横断面証明法」ともいう）を説いたことである。重出立証法については、「我々の眼前に毎日現はれては消え、消えては現はれる事実」、すなわち「現在生活の横断面の事象は、各其起源を異にして居る」ので、「全事象はそのまゝ縦の歴史の資料を横に並べたのと同じに見ることが出来」、「この横断面の資料によつても立派に歴史は書ける」と述べている（柳

田［1998b：60］)。柳田が求めていた研究方法は、採集資料に基づく徹底した帰納法であった。そして第3は、民間伝承の採集資料を3部門に分ける分類案を提起し、第1部・目に映ずる資料を生活諸相、第2部・耳に聞こえる言語資料を言語芸術、第3部・最も微妙な心意感覚に訴えてはじめて理解できるものを心意諸現象として位置づけ、中でも心意諸現象の重要性を強調したことである。第1部は「旅人でも採集」可能なので「旅人学」、第2部は「土地に或程度まで滞在して、其土地の言語に通じなければ理解出来ない部門」なので「寄寓者の学」、第3部は「同郷人同国人でなければ理解の出来ぬ部分」なので「同郷人の学」とも呼ぶことができるとしている（柳田［1998b：98-99］)。

民俗資料の分類　柳田は『民間伝承論』と『郷土生活の研究法』の両著で、民俗（民間伝承）資料の分類案を提起している。3部門に分ける点は共通しているが、『郷土生活の研究法』では部門の名称を「有形文化」、「言語芸術」、「心意現象」とし、各部門の下位項目も微妙に異なっている。分類の意義について、柳田は「採集家なり研究者が、現に自分が携はつて居る研究の部門が、全体の学問の上でどの部分を占めて居るかといふことを知ることは、絶対に必要」であるとしている（柳田［1998c：101］)。そして、これらの分類案によって調査研究の範囲を明確に示したのである。『郷土生活の研究法』に示された「民俗資料の分類」は次の通りである（柳田［1998c：263-368］)。

　　有形文化……住居、衣服、食物、資料取得方法（自然採取・漁・林・狩・農・交易と市）、交通（交通に関する地形の名称・運搬方法・旅人機関・海上交通）、労働、村、連合、家・親族、婚姻、誕生、厄、葬式、年中行事、神祭、占法・呪法、舞踏、競技、

童戯と玩具

　　言語芸術……新語作成、新文句、諺、謎、唱えごと、童言葉、
　　歌謡、語り物と昔話と伝説

　　心意現象……知識、生活技術、生活目的

　この分類の配列は、採集者が「自然に人の生活に近づく順序をもつてするのが主旨」であるとし、郷土研究の目的は第3部の「心意現象」を明らかにすることであり、「第1部」と「第2部」はそれに到達するための、途中の階段のように考えているとしている（柳田［1998c：347］）。「有形文化」は目に見ることのできるもので、物のかたちとか行為、行動で表される伝承、「言語芸術」は口承文芸の領域とほぼ重なり、言語という表現形式を通して伝承されるものである。そして、「心意現象」は人の心から心へと伝承されてきたものであり、人が生きていくための「知識」をもとにして、「生活目的」に達するための手段と方法である「生活技術」を駆使し、「人生の究極の目的」すなわち「生活目的」を実現していく生活意識である。具体的には固有信仰、先祖観、兆、占い、禁忌、呪い、民間療法、教育、倫理・道徳観念などを含んでいる。柳田は「心意現象」を通して、「知識・社会観・道徳などを知り、何を目当てに生きて」いるかを明らかにしようとしたのである（柳田［1998c：367］）。

民俗学研究者の組織化　昭和10（1935）年に柳田が61歳の還暦を迎えたのを機会にして、東京で「日本民俗学講習会」が7月31日から8月6日までの7日間にわたって開催され、各地の民俗学研究者がはじめて一堂に会した。講習会の最終日に、全国的な連絡組織として「民間伝承の会」の設立と機関誌の発行が決定された。柳田の自宅に会の事務局を置き、9月

に機関誌『民間伝承』の創刊号が発刊された。会の運営や機関誌の編集は、柳田の自宅で行っていた「木曜会」という研究会のメンバーが中心となった。民間伝承の会の創設と活動は、民俗学の普及に大きな役割を果たし、各地に民俗学研究者の地方団体の組織化を促していくことにもなった。会の設立当初 120 余名であった会員数は、2 年後の昭和 12 年には 1000 名を超えたのである（後藤 [1988: 821]）。

民間伝承の会の発足と前後するが、昭和 9 年に日本学術振興会から補助を受けて、柳田の指導で全国山村調査が開始された。全国 52 カ所の山村が調査地に選ばれ、木曜会のメンバーで組織された郷土生活研究所が調査に当たった。期間は 3 年間で、100 の調査項目を印刷した「採集手帖」を用いて山村の民俗資料の収集を目指した。全国的な規模で共通の項目による調査と民俗資料の比較研究を試みたもので、日本の民俗学にとって重要な意義を持つものであった。調査結果の最終報告書は、『山村生活の研究』(1937) として刊行された。この調査の終了直後の昭和 12 年から 2 年間、山村調査と同じく日本学術振興会の援助で郷土生活研究所のメンバーが、全国約 30 カ所の海村調査を実施した。こちらも「採集手帖」（沿海地方）を用いての共通項目の調査であり、海村の最初の総合調査であった。最終報告書は、『海村生活の研究』(1949) にまとめられている。

柳田が指導した二つの全的な調査の実施は、民俗調査の可能性を示し、民俗調査に基礎をおいた民俗学を発展させていくことになった。そして、両墓制や同族、親方・子方、漁撈組織などの新たな研究課題も提起されたのである。その一方、調査報告の記述方法に対する反省を促すことにもなった。山口麻太郎が「民俗資料と村の

性格」(『民間伝承』第4巻第9号）で、『山村生活の研究』のように調査資料を項目別に編集したのでは、せっかくの民俗資料が村の性格から遊離したものになっているとして批判した（山口［1939：112］）。これに対して編集に当たった関敬吾が反論し、『民間伝承』誌上で2度の論争が行われた。山口の問題提起について、湯川洋司は「全国規模で民俗資料を比較総合化しようとする方法論にとって各地の民俗誌が果たす役割をどう位置付けるかという、民俗学の方法にかかわる重大な問題を含んでいた」と述べている（湯川［1999：730］）。

戦後の民俗学　昭和10 (1935) 年前後に民俗学の体系化がはかられ、全国規模の民俗調査も実施されて、学問として着実な第一歩を踏み出した。しかし、第2次世界大戦の進行は民俗学の研究にも大きな影響を及ぼすようになり、国家総力戦体制の中で民俗学は微妙な立場に置かれ、本来の研究活動は制約された。戦時中も柳田の自宅で研究会の「木曜会」は続けられたが、この時期から柳田は、日本人の基層にある固有信仰の解明に取り組みはじめ、祭りや氏神信仰、先祖観の研究を深化させていった点が注目される。戦局が厳しくなった昭和19 (1944) 年11月から『先祖の話』の執筆に取りかかり、日本が敗戦を迎える直前の昭和20年7月に脱稿している。柳田が『先祖の話』(1946) を著した直接の動機は、戦争で多数の戦没者が出たことによって、家存続が困難となり、特に若者の無縁仏が増大することへの危機感であったといわれる。

柳田は『先祖の話』を書き終えるとすぐに、『新国学談』3部作（『祭日考』、『山宮考』、『氏神と氏子』）の執筆に着手している。そして、敗戦直後の9月から木曜会を再開し、昭和21 (1946) 年8月には民間伝承の会の機関誌『民間伝承』の継続発行、さらにその年の9月

から「日本民俗学講座」が開講された。昭和23年3月には、木曜会を発展的に解消して柳田の自宅に「民俗学研究所」を設立し、翌年の4月に財団法人として認可された。この研究所は、戦後の民俗学発展を支える重要な拠点となっていった。柳田は昭和19年に70歳の古稀を迎えていたが、宮田登は「古稀を越えて、これほど気力を充実させた日本人がいただろうかと思わせる活躍が目立つ」と述べている（宮田［1984：90］）。柳田の民俗学にかける情熱が、戦後の困難な状況を切り拓いていったのである。

日本民俗学会の設立

昭和24（1949）年4月に「民間伝承の会」は「日本民俗学会」と改称され、全国規模の学会としてはじめて「民俗学」を名乗ることになった。その経緯については、種々の事情があったようであるが、学会連合（のちに九学会連合となる）への参加を契機として、民間伝承の会では公的機関との折衝で何かと不都合が生じるので学会にしてほしいという要望が会員の中から出されたことが直接の要因となった（野村ほか［1998：469］）。このことは単なる名称変更にとどまらず、それまで日本の民俗学は柳田の指導のもとに発展してきたが、個々の民俗学研究者は自立することが求められ、民俗学の目的や方法、概念や調査方法などについて再検討していく必要に迫られることになった。学会の機関誌『民間伝承』誌上で民俗学の性格や方法をめぐる一連の論争が行われ、また民俗学の隣接の学問分野からの厳しい批判も出された。それらは、日本で独自に成立した民俗学が、他の人文諸科学と競合して市民権を得るために通過しなければならない試練でもあった。さらに昭和32年4月、戦後の民俗学研究の中心となり、『全国民俗誌叢書』、『民俗学辞典』、『年中行事図説』、『綜合日本民俗語彙』などの編集・刊行を手がけてきた民俗学研究所は、

柳田の意向および財政上の問題から解散が決定されたのである。そして、昭和37 (1962) 年8月に柳田が88歳の生涯を閉じると、柳田とともに歩んできた民俗学は、各々の民俗学研究者が主体的に調査と研究を推進していく時代に入ったのである。

柳田民俗学の批判と継承　柳田が民俗学の方法として提起した「重出立証法」と「方言周圏論」について、福田アジオは『日本民俗学方法序説』(1984) において民俗学の研究史をふまえながら柳田の著作を丹念に読み込んで、それらの問題点を批判的に検討している。重出立証法は、ある民俗事象についての各地の類例を全国的に集めて比較し、それをいくつかの類型に分類し、その類型間の異同や分布の相違から民俗事象の変遷過程を明らかにする方法とされてきたが、大きく四つの問題点を指摘している。(1) 各類型間に序列をつける客観的な指標がないこと、(2) 仮に諸類型に序列をつけることができても、その序列がなぜ変遷を示すのかがあいまいなこと、(3) 仮に変遷過程が跡づけられたとしても、その変遷の要因を明らかにできないこと、(4) 各民俗事象の相互の連関を把握する視点を欠いていること、である（福田［1984：166-180］）。

次に方言周圏論は、柳田が『蝸牛考』(1930) で蝸牛の方言語彙を全国的に調査して、京都を中心にして同心円的に分布していることを明らかにし、その分布は中央で次々と生み出された言葉が周辺に波紋状に伝播していった過程を示すもので、北と南の端に分布している同じ方言が最も古く、中央の方言が最も新しく使われ出した言葉として判断できるという考えである。福田は、柳田が周圏論の認識を方言分布の考察に限定していたわけではなく、民俗事象についても適用していたことを明らかにし、周圏論を抜きにした重出立証法はありえなかったことを指摘している。そして、図2-1のような

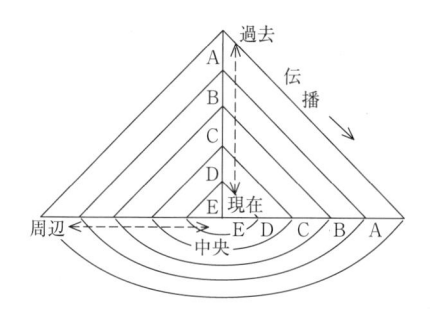

図 2-1 周圏論の模式図

出典）福田アジオ、1984『日本民俗学方法序説』弘文堂、196 頁

周圏論の模式図を示して、以下のように解説している。

　縦軸に過去から現在までの時間（A〜E）、横軸に中央から周辺までの地域を取り、両軸の交点が現在の中央である。したがって、縦軸上では日本の中央（京都は平安京以来、政治・文化の中心地とみられてきた）において、過去から現在までの間に次から次へと新しいものが継起的に登場し（A〜E）、それらが時間的経過の中で四方へ伝播していった（縦軸から左右両方へ斜めに出る線）。中央で最も古い姿のAは次第に四方へ広がり、現在では最も遠い周辺の地域にまで及んでいる。ところが、そのAの姿は全国的にはみられず、周辺部のみに存在している。それは中央においてAの次に登場したBが同様に各地に波及し、いったんはAの姿となった地域をBの姿に変えてしまったからである。この繰り返しの結果が、中央から周辺までの地域にE−D−C−B−Aという周圏的分布として現象しているのであり、こうした分布から民俗事象が時間的経過の中でA→B→C→D→Eの順に変化を遂げてきたと判断できるというのが柳田の考えである（福田［1984：196-197］）。

　福田は周圏論の問題点として、(1) 日本の社会や文化は一つであ

り、均質であるという前提に立っていること、(2) 変化の遅速をもたらすそれぞれの土地の条件が考慮されていないことを指摘している。さらに、(3) 中央で発生した文化が各地に波及していくときに、各地の対応の仕方には選択や拒否をしたり、あるいは変化させたりしたのではないかという視点、(4) ある民俗事象が特定の地域に分布している意味や理由を明らかにしていくという視点を欠落させていることを挙げている（福田［1984：181-201］）。

　福田の見解は、重出立証法と方言周圏論に対する最も包括的な批判であるが、特に重出立証法で指摘している問題点は、民俗学のみにとどまらず各地域の文化事象を比較考察して歴史的変遷を取り扱うすべての学問分野に共通する問題を含んでいるものである。たとえば歴史学においても、異なった地域から見出された文書資料によって歴史的変遷を跡づける場合、文書と文書を関連づける論理は推論であり、その推論を保証するものはなにかという問題をはらんでいるからである。福田が前掲書の「あとがき」で、柳田の個別研究の道筋は複雑であり、柳田自身が示した民俗学の方法的説明に必ずしも対応していないことを指摘している。そして、「柳田の個別研究が、どのような方法によって資料の提示から結論としての仮説に到っているのか、またそこには民俗や歴史についてどのような認識が示されているのかを内在的に把握し、それを柳田の方法論として示す必要がある」という重要な見識を述べている（福田［1984：314］）。柳田の業績は決して無謬ではないし、また日本民俗学と柳田民俗学が等号で結ばれるわけでないが、柳田民俗学からなにを継承し発展させるかは、民俗学研究者が主体的に考えなくてはならない問題であるといえる。

民俗学の新たな展開　昭和30（1955）年代から日本社会は急速な高度経済成長を遂げる時代に入り、戦後の復興はめざましく、都市に人口が集中するようになり、生活様式の都市化が全国に及んでいった。国勢調査によれば、昭和45（1970）年に都市圏の人口集中地区の割合は53.5％を占め、人口の過半数を超えることになった。こうした中で、日本の地域社会は大きく変貌していったのである。

昭和40（1965）年代末ごろから昭和50（1975）年前後にかけて民俗学は活況を呈するようになるが、それはいわゆる柳田国男ブームに後押しされたかたちであった。このときの民俗学に対する評価の多くは、柳田の業績に関連づけてのものであった。日本の近代化や高度経済成長がもたらしたさまざまな歪みや矛盾を反省し、それを根底的に問うために柳田の思想や学問に学び、現代に継承すべきことを説くという論調の評論や著書が相次いで発表された。こうした柳田国男論が隆盛する中で、柳田に直接教えを受けない世代が民俗学を本格的に学びはじめ、民俗学の従来の方法や概念を批判的に検討して新しい流れをつくっていった。地域の民俗を相互連関的に把握して、その民俗が存在する意味や歴史を明らかにしようとする調査研究、そして民俗と地域社会の関係を究明して地域文化や地域社会の形成過程を理解しようとする地域民俗学が積極的に提唱され、実践された。環境と人間との関係を研究する環境民俗学の成長も民俗学において意義を持つものであった。また、文化人類学の構造機能主義の分析方法をはじめ、昔話や世間話の研究に構造人類学や記号論の分析方法などが導入された。民俗調査においても、従来の項目調査の見直しが行われ、聞き書きだけでなく参与観察による調査も実際に行われるようになり、さらに聞き書きにおける話者の語り

情報化社会と民俗学　　COLUMN 2

　情報化社会とは、情報が物質やエネルギーと同等かそれ以上の価値を持つとみなされ、情報の生産・伝達を中心に発展する社会をいう。1960年代から使用されはじめた言葉で、情報社会ともいわれる。社会が情報ネットワークによって組織化され、従来の機械によって物を大量に生産し、販売することで発展してきた産業社会とは異質な社会形態とされる。情報の要素である文字・画像・音声に加えて身振りをも含めるのであれば、情報の生産・伝達の歴史は人間の歴史とともに古くからみられた。民俗学が扱ってきた伝承は、伝達継承の略語とされるように、生活に必要な知識や技術などの情報を上の世代から下の世代に伝えてきた。伝承が時間軸にそって伝えられるものとすれば、空間的に伝わり、広がっていく事象は伝播ということになる。

　また民俗社会の情報伝達は、人と人が接する対面型コミュニケーションを基本にしているが、必ずしも社会の内部で完結するものではなかった。社寺参詣の旅などで得た情報や、外から訪れる民間宗教者や職人などがもたらす情報は、民俗社会を活性化させる機能を持っていた。村寄合の伝達事項は、伝達役が高い所に上って大声で伝えたり、1軒ずつ回って口頭で伝えたり、あるいは家から家へ言い継ぎで伝えたりしていた。それが、回覧板や有線放送が用いられるようになり、自治体によっては各家庭にパソコンを導入するところも出てきた。こうした民俗社会の情報のあり方とその変化を追究することは、現代社会の情報のあり方を反省する一つの手がかりになるものといえる。民俗学の調査においても、聞き書きやスケッチに加えて、写真や録音テープ、映像で民俗資料を記録する技術が高度化してきた。

　1990年代にパソコンや携帯電話などの情報機器（メディア）が急速に普及したことにより、非対面型コミュニケーションの領域が一挙に拡大して、移動時間の短縮化と空間の結合化をもたらし、市場経済などが国家や地域の枠を超えて地球規模で広がるグローバル化を進行させている。しかし、グローバル化は人々の生活様式や地域の景観を均質化させていくだけでなく、地域コミュニティのローカル文化（民俗文化）への関心を高める作用を果たしていることに目を向けていく必要がある。消滅しかかっている地域の民俗文化に心を惹かれて、なんとか保存・伝承しようとする動きや、地域おこ

> しの運動を展開することによって民俗文化を創造しようとする動きが各地にみられるからである。

そのものを分析することも試みられるようになってきた。文書資料も一方的に排除するのではなく、民俗学研究に利用する方向が定着してきている。

都市民俗から現代民俗へ　民俗学が農山漁村を調査対象としてきたのは、村落社会が伝統的な民俗を保持していると考えられたからである。実際、昭和9 (1934) 年に全国山村調査が実施された時点で、農林漁業の就業人口は総人口の過半数を占めていた。また農家人口の統計でみると、昭和35 (1960) 年の総人口に占める農家人口の比率は36.8％であったが、平成7 (1995) 年にはついに1割を切って9.6％になった。こうした中で、村落社会における民俗の変貌や過疎化による民俗の変化を捉えようとする動きが出てきた。それとともに注目されるのは、都市を対象とした民俗学研究が昭和50 (1975) 年ごろから提起されたことである。村落と同様の民俗が都市にも見出せることの確認からはじまり、都市独自の民俗の存在が明らかにされてきた。都市の生活リズムや色彩感覚を探る研究、団地アパートの民俗を明らかにする研究、都市祭りや盛り場の研究、都市伝説の研究などが行われた。定住性の高い村落に対して、住民の移動性が高い都市の民俗学研究は、従来の村落における調査や民俗誌の記述のあり方に再考を促すことになった。しかし、情報機器の普及による急激な社会変化は、都市や村落の違いをこえて、現代社会を民俗学がどのように捉えていくのかに問題の関心を移行させていくことになり、平成7 (1995) 年を過ぎたころから都市民俗学を積極的に主張する意義が薄れてきたのも

確かである。近年では、民俗学が現在の生活文化に焦点を当てて動態的・多角的に把握することを目指す方向が模索されつつあり、民俗学の研究方法も多様化してきている。

引用文献

赤松宗旦著、柳田国男校訂　1938年『利根川図誌』岩波文庫
岡正雄　1960年「民俗学と民族学」大間知篤三ほか編『民俗学の成立と展開』（日本民俗学大系第1巻）平凡社、175-183頁
後藤総一郎監修・柳田国男研究会編　1988年『柳田国男伝』三一書房
菅江真澄著、内田武志・宮本常一編訳　1965-1968年『菅江真澄遊覧記』全5巻（東洋文庫）平凡社
鈴木牧之編撰、岡田武松校訂　1936年『北越雪譜』岩波文庫
関敬吾　1960年「ヨーロッパ民俗学の成立と概観」大間知篤三ほか編『民俗学の成立と展開』（日本民俗学大系第1巻）平凡社、3-43頁
高木敏雄　1913年「郷土研究の本領」『郷土研究』創刊号、10-11頁
橘南谿　1974年『東西遊記1』（東洋文庫）平凡社
橘南谿　1974年『東西遊記2』（東洋文庫）平凡社
寺田和夫　1981年『日本の人類学』角川文庫
野村純一・三浦佑之・宮田登・吉川裕子編　1998年『柳田國男事典』勉誠出版
平田篤胤著、子安宣邦校注　2000年『仙境異聞・勝五郎再生記聞』岩波文庫
福田アジオ　1984年『日本民俗学方法序説』弘文堂
古川古松軒　1964年『東遊雑記　奥羽松前巡見私記』（東洋文庫）平凡社
古川古松軒　1969年「西遊雑記」宮本常一・谷川健一・原口虎雄編『探検・紀行・地誌　西国篇』（日本庶民生活史料集成第2巻）三一書房、329-395頁
南方熊楠　1914年「『郷土研究』の者に与ふる書（完結）」『郷土研究』第2巻第7号、426-429頁
宮田登　1984年『柳田国男』（新潮日本文学アルバム第5巻）新潮社

本居宣長著、村岡典嗣校訂　1934年『玉勝間（上）』岩波文庫
柳田国男　1914a年「南方氏の書簡に就て」『郷土研究』第2巻第7号、429-430頁
柳田国男　1914b年「郷土編纂者の用意」『郷土研究』第2巻第7号、385-396頁
柳田国男編　1975年『山村生活の研究』（復刻版）国書刊行会
柳田国男編　1981年『海村生活の研究』（復刻版）国書刊行会
柳田国男　1997年「郷土誌論」『柳田國男全集』第3巻、筑摩書房、111-188頁
柳田国男　1998a年「菅江真澄」『柳田國男全集』第12巻、筑摩書房、429-574頁
柳田国男　1998b年「民間伝承論」『柳田國男全集』第8巻、筑摩書房、3-194頁
柳田国男　1998c年「郷土生活の研究法」『柳田國男全集』第8巻、筑摩書房、194-368頁
山口麻太郎　1939年「民俗資料と村の性格」『民間伝承』第4巻第9号、112頁
湯川洋司　1999年「山村調査」福田アジオほか編『日本民俗大辞典』上巻、吉川弘文館、728頁

参考文献

香月洋一郎・赤田光男編　2000年『民俗研究の課題』（講座日本の民俗学10）雄山閣出版
倉石忠彦　1990年『都市民俗論序説』雄山閣出版
佐野賢治・谷口貢・中込睦子・古家信平編　1996年『現代民俗学入門』吉川弘文館
瀬川清子・植松明石編　1994年『日本民俗学のエッセンス─日本民俗学の成立と展開（増補版）─』ぺりかん社
野口武徳・宮田登・福田アジオ編　1974年『現代日本民俗学Ⅰ　意義と課題』三一書房
野口武徳・宮田登・福田アジオ編　1975年『現代日本民俗学Ⅱ　概念と方法』三一書房

3 家族生活と住まい

青木　俊也

2 組の家族の姿　　ここにある2枚の写真は、どちらも昭和30年代の千葉県松戸市内に住んだ家族の写真である。写真3-1には、1955（昭和30）年に農村の6人の家族が撮影されている。写真3-2には松戸市内に新たにつくられた公団住宅に入居した3人の家族が、1960（昭和35）年に撮影されている。同じ松戸市内の5年の隔たりしかない写真に写った2組の家族には、大

写真 3-1　農村の家族　　　　　　写真 3-2　団地の家族

きな違いのあることに気づくだろう。

　農村の家族の写真は、主（母）屋の前で祖父（前列左）と祖母（後列真ん中）、父（後列左）と母（後列右）、長女と次女の3世代の家族がそろって撮影されている。しかも、このときもう1人の家族である曽祖母が病で床についていたので、実際にはこの家族は4世代であった。この家族の生業は、江戸川沿いの低地に位置する農村において水田、畑を耕作し、加えて先代より当主が農閑期には植木職人として働きに出るというものであった。このように農家として暮らしていたこの家族は、「家」と呼ばれる伝統的な家族の姿を私たちに伝えている。

　さて、「家」という言葉にはさまざまな定義が加えられているが、ここでは家族の日本的形態と理解して、その特色を説明したい。「家」は住まいである家屋、住居を意味し、そこで生活する人々の集団を意味してきた。「家」では、親が1人の後継ぎとその妻（夫婦）とその子どもとの同居を繰り返し、世代を重ねる。このような家族を直系家族という。したがって、「家」を開いた初代からの先祖によって「家」が守られているという祖先観を「家」の成員が持ち、「家」はその集団の成員個々人の生死を超えて永続すべきものとして考えられている。そして、家屋敷、耕地などの財産を持って、農家であれば農業を営み家業を経営し、農村における一軒前の「家」として、地域社会を構成し担う単位となっている（中込[1999：62-63]）。

　一方で、団地を背景に写っている夫婦と長男の3人は、1959（昭和34）年暮れに長男が誕生したことを契機に、東京都内から松戸市内の公団住宅に移り住んだ、会社に勤めるサラリーマンの家族であった。当時、団地の入居者は団地族といわれ、合理的で洋風な新し

い生活スタイルを体現した人々として社会的に注目されていた。昭和35年版『国民生活白書』によると「世帯主の年齢が若く、小家族で共稼ぎの世帯もかなりあり、年齢の割には所得水準が高く、一流の大企業や公官庁に勤めるインテリ、サラリーマン」(経済企画庁［1961：137］)と記されている。日本住宅公団による団地入居者家族の調査統計では、入居時には夫婦だけが40％前後、夫婦と幼児（5歳まで）が20％前後で合わせて6割を占め、この家族のような若い入居者が多かったことがわかる（日本住宅公団［1962］)。

さて、この家族と同様の、夫婦と未婚の子どもから構成される家族を核家族という。戦後の日本の家族全体にとって核家族は基本的に増加の傾向にあって、核家族化が進んだ。この核家族化は、戦後における産業構造の変化に伴う農村から都市への人口の流出と、それによる都市サラリーマン家族の増大が要因となっている。2組の家族には、東京近郊の松戸市域が農村地域から住宅地域へと急激に変貌していく中での、農村の住民と新しい住民との家族構成、生業、生活環境などの違いがあることがわかる。つまり、「家」の伝統を受け継いだ4世代の直系家族と、戦後の都市部のサラリーマン核家族という二つの異なる家族が、昭和30年代の首都圏近郊地域という同じ時空間に暮らしていたことを、私たちに示している。

さて、このような対照的な特色を持った二つの家族は、それぞれに農家と公団住宅という住まいで暮らしていた。住まいは、そこに住む家族の生活の容れものであり、家族の生活を反映している。民俗学が住まいを学ぶ視点の一つは、そこに住んだ家族の暮らしぶりを考えることである。この点から2組の家族の住まいでの暮らしぶりを考えてみたい。まずは、農村の伝統的な家族の住まいをみていこう。

民家の野外博物館　民俗学は農山漁村を主要な研究のフィールドにして、失われようとしている伝統的な住まいと、そこに住んだ家族の暮らしぶりを明らかにしようとしてきた。その成果は、1958（昭和33）年につくられた日本民家集落博物館をはじめとする各地の民家の野外博物館にみることができる。そこでは、現在の農村では一般的にはみることはできない伝統的な農家をはじめとする庶民の住宅である民家が移築されて、その生活が民具などの暮らしの道具によって再現されるとともに、生産の場であった屋敷地周辺の生活環境なども復元されている。

　世界的にみれば、民家の野外博物館は北欧で19世紀末から20世紀初頭にかけてはじめてつくられたことに始まる。スウェーデン語学教師であったハツェリウス（Hazelius, A.）は、19世紀に始まった産業革命による急速な工業化によって、伝統的な農村の生活文化が失われていくことを危惧し、それらの生活資料を収集した。その成果がスカンジナビア民俗学コレクションになり、スウェーデン国立民俗博物館の礎となった。さらに、ハツェリウスは世界最初の野外博物館であるスカンセンをスウェーデンのストックホルムにつくった（杉本［1980：508-509］）。そこでは、伝統的な家屋を中心にその屋敷、耕地、家畜なども含んだ伝統的な生きた生活の姿が再現され、現在でもその活動が続けられている。

　1924（大正13）年には日本の民俗学を確立した1人である渋沢敬三が、スカンセンなどの北欧の野外博物館を見学している。その影響から彼は、1936（昭和11）年に計画した日本民族博物館の構想の中で「野外展観」と呼ぶ民家の野外博物館施設を計画している。その具体的なプランは、大正期から本格的に始まった民家研究初期の成果である『日本の民家』を著した今和次郎によってつくられてい

る。今も1930（昭和5）年に渋沢から情報を得てスカンセンなどの野外博物館を見学しており、そのプランはスカンセンの影響を強く受けていることが指摘されている（横浜歴史博物館ほか［2002：120-123］）。今が『日本の民家』で示した民家を建築学的な構造、間取りだけではなく、その生活環境を含んだトータルな生活の場とする捉え方、民家一戸に置かれた生活用具を記録し、その生活にアプローチするなどの民家研究の方向性は（今［1989］）、スカンセンの実践である生きた生活の再現と共鳴するものであったと考えられる。そして、滅びゆく伝統的な生活を保存し、展示するためには生活の場である民家の野外博物館が有効だと考えた渋沢敬三の認識は、日本民俗学の初志の一つであった。そして、各地には民家の野外博物館がつくられ、現在ではみることのできなくなった農家などでの暮らしが展示されているのである。

農村の住まい：屋敷　さて、ここでは実際の農家の住まいを例にとって、これまでの民俗学の成果を農家の住まいを屋敷と主屋に分けてみていきたい。屋敷は、自然環境に対応した場所に切り開かれている。この農家は江戸川沿いの低地に形成された微高地上に屋敷をかまえ、屋敷地の土台をかさ上げしている。水塚（ミヅカ）といって倉の屋敷地の土台をさらに高くしている（写真3-3）。この屋敷には、主屋を中心に倉、納屋、藁小屋、木小屋、灰屋、便所などの付属屋が建てられていた（図3-1）。この倉は二階屋で、1階に米を、2階に長持や祝儀不祝儀用のお膳、茶碗などを納めている。納屋は脱穀を意味するコナシと呼ばれ、農具が置かれ、作業を行う土間がつくられている。竈などの燃料を置いた木小屋、藁小屋、肥料を収めた堆肥小屋、灰小屋など多種類の小屋があった。庭と呼ばれる脱穀した籾を干したりする作業場、屋敷神、周囲には

写真 3-3　農家の屋敷

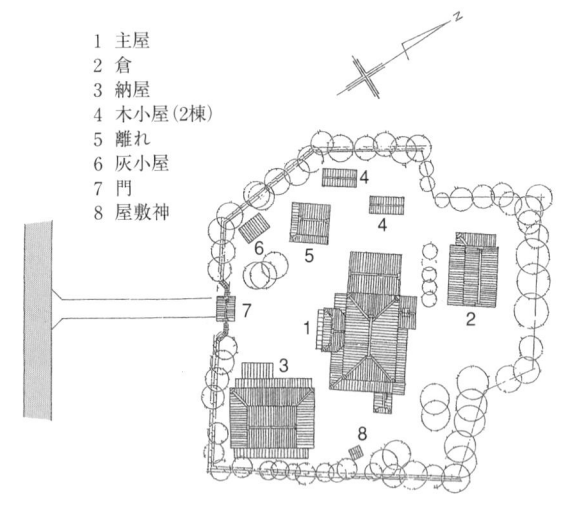

1　主屋
2　倉
3　納屋
4　木小屋（2棟）
5　離れ
6　灰小屋
7　門
8　屋敷神

図 3-1　屋敷家屋配置図

出典）松戸市立博物館編、1996『松戸市民家調査報告書』松戸市立博物館
注）38頁掲載の図を1991年調査時点の状況から1960年ごろに復元のため修正した。

屋敷林、家族が食べる自家製の野菜をつくる屋敷畑があり、カイドウと呼ばれる屋敷から集落の道に出る道がつけられ、そのそばに屋敷続きの墓がつくられている。広い意味では屋敷はこれらを含めた

居住空間と捉えられる。

　屋敷林は冬の季節風への防風や防火、あるいは果樹収穫などの屋敷内の環境を支えるさまざまな役目があり、それぞれの地域で独自の呼び名があった。この家の屋敷林は防風のために北西から北側にケヤキやカシが植えられている。また、それらの薪や粗朶、落ち葉が、竈など火所の燃料になり、シュロの樹皮がシュロ縄となって車井戸の釣瓶の綱になるなど日常生活に使われた。この農家では防火に役立つといわれたモチノキで主屋を取り囲んだり、クネと呼ばれる生垣が屋敷の周囲につくられている。このような屋敷林や生垣に囲まれた屋敷の姿は、関東地方では一般的にみられることに対して近畿地方では、屋敷林をあまり持たない屋敷が一般的にみられることが知られている。この屋敷の姿の違いは、集落の景観とも関連し、それぞれの地域の歴史を表していると考えられる。

　さて、家屋敷という言葉が使われるが、居住空間全体を意味する屋敷を持つことは、地域社会である村の正式な成員である一軒前の「家」となることを意味している。ツブレヤ（潰れ家）を再興して、その家の屋号、社会関係、先祖祭祀を引き継ぐ例もみられる。永続的な存在として考えられている「家」を具体的に示す屋敷には、ご先祖様（先祖の霊）が宿っていると考えられている。屋敷内や屋敷続きの墓は葬られた先祖が屋敷地からその周辺の耕地を含む土地を守護していると考えられ、たとえば、埼玉県三芳町上富における耕地の中にある墓の場所は、その家の初代の先祖が亡くなったときに開発した耕地の輪郭に位置しているという伝承にもこの考えがうかがわれる。屋敷神は屋敷地内やその周辺に祀られる神であるが、中部地方で屋敷神として祀られる地の神さんには先祖の神だという伝承もある。「家」という永続すべき存在にとって屋敷は不可分なも

のであり、屋敷は生産を営む場であったことがわかる。

農村の住まい：主家と間取り　次に屋内の生活の場となった主家についてみていこう。これまでの民家研究によって、近世以来の伝統的な民家は、床上の居住の場と作業・通路の場である土間によって構成されることが明らかとなっている。床上部分と土間の位置は、屋内から外に向かってみて床上が土間に対して右側にあるのが右住まい、その反対が左住まいであり、右住まいが比較的多い。屋内はハレとケの空間を明確に区分し、日常生活の場である居間を中心に部屋の組み合わせと配置である間取りが決められていると考えられている（宮澤［1989：91］）。

その間取りは、東日本では土間に沿って居間を置き、この上手表に座敷を、裏に寝室を配置した「広間型三間取り」、西日本では四室が文字通り田の字型に配された四間取りの中で間仕切りが通っている「整型四間取り」と呼ばれるものに大別され、その他に広い敷地が得にくい四国や宮崎県の山間部では桁行に部屋を並べる「併列型間取り」の分布が確認されている。「広間型三間取り」は、近世末から近代にかけて四間取りなどに変化することが、民家建築の復元方法による研究によって明らかとなっている。

まず、ここでは松戸市内の民家の間取りを模式的に示した右住まいの土間と勝手といわれた板敷きの部屋と四間の畳敷きの部屋からなる住居を例にその暮らし方を簡単に述べたい（図3-2）。土間は、冬の夜なべ仕事の場であり、竈がつくられ、内流し、水がめが置かれて勝手とともに炊事場であった。勝手は板の間で、日常の食事の場であった。

ヒロマ（広間）の前につくられたエン（縁）では、隣近所の人が訪ねてきたときなどの日常的な接客の場になる。ヒロマは家族が普段

3 家族生活と住まい

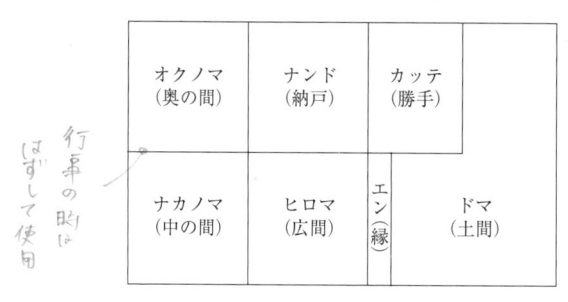

```
┌─────────┬─────────┬─────────┐
│ オクノマ │ ナンド  │ カッテ  │
│ (奥の間) │ (納戸)  │ (勝手)  │
├─────────┼─────┬───┴─────────┤
│ ナカノマ │ヒロマ│エ│  ドマ  │
│ (中の間) │(広間)│ン│ (土間) │
│         │     │(縁)│        │
└─────────┴─────┴───┴─────────┘
```

（欄外手書き：行事の時ははずして使用）

図 3-2　間取り模式図

集う場であり、日常生活の中心となる居間であった。また、仏壇と神棚が据えつけられ、また盆棚もつくられるなど、先祖を祀る場であった。その奥のナンド（納戸）は、主人夫婦の寝室であり、普段使う衣類などがしまわれた。ナカノマ（中の間）、オクノマ（奥の間）は、普段は先代の老夫婦などの寝室となったが、婚礼、葬式などの儀礼が行われるときにも使われた。

さらにここでは、先に紹介した農村の家族（写真3-1）の実際の暮らしに分け入って、1955（昭和30）年前後の様子をみていきたい。この家族の住んだ主家は板の間と4畳半、8畳、6畳の畳の部屋からなる住居（図3-3）で、1989（平成元）年に取り壊されるまでは、改築をしながら住まわれ続けた。民家の野外博物館には、近世期の本百姓の系譜を引く大規模な農家などが多く保存されている傾向が強いが、農村にはこのような比較的小規模の住まいも数多く存在し、むしろこちらの方が一般的な住まいであったともいえる。この主家の左側に設けられた土間の奥に、カッテと呼ばれた板の間と、ヘヤ（部屋）と呼ばれた夫婦の4畳半の寝室が設けられた。土間の右に接して勝手から続くエンが回された。主家に接して増築した小屋の奥には2口の竈があり、昭和30年代初めに改良竈に替えられた。

57

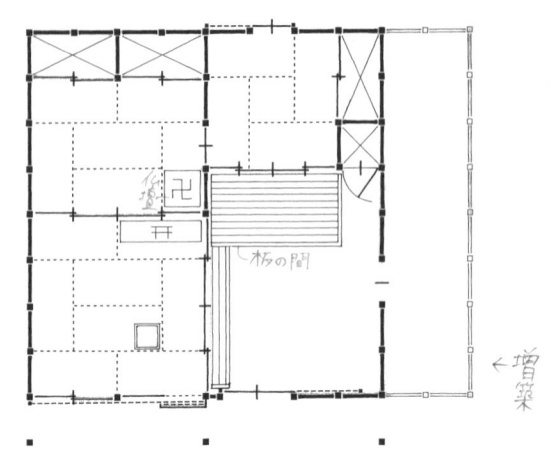

図 3-3　農村の家族の住まい間取り図

写真 3-4　座っての調理

　勝手は日常の食事の場であり、メシクイバ (飯食い場) といわれた。そこでお櫃や鍋をかたわらに置き、7人の家族は銘々のお膳を出して食事していた。その中でも若い嫁は、十分に座る場所がなく板の間に腰掛け、足を土間に下ろして食べていたという。また、勝手では調理のさまざまな作業を座って行っており、たとえば写真3-4には横座りした祖母がすり鉢を使っている姿が映っている。田

イロリとカマド   COLUMN 3

　民家などの住まいには、イロリ（囲炉裏）とカマド（竈）の2種類の火所がある。大まかには東日本では囲炉裏が主で竈が従、西日本では竈が主で囲炉裏が従といわれ、地域的な差がみられる。

　基本的に囲炉裏は、火を焚く場所である炉を意味し、土間に設けられたり、床上に設けられる。その中でも、食事を取る部屋に設けられることが多く、一般的に囲炉裏と呼ばれた。囲炉裏は、鍋を自在鉤にかけて味噌汁などを調理するだけでなく、魚などの食物を乾燥させたり、暖房や照明などの働きもあった。

　囲炉裏は、家族が集い、食事などの一家団らんをすごす場所であり、家族の座る位置が決められていた。一般的には主人が座るのがヨコザ（横座）、主婦が座るのがカカザ（嬶座）、客が座るのがキャクザ（客座）、嫁の座るのがキジリ（木尻）と呼ばれる。横座の名称の由来は、畳などの敷物を横に敷いたことによるといわれるが、家の火の管理者である主婦のカカザを囲炉裏の座の中心と捉え、その横の位置を示しているという考え方もある。囲炉裏の火を絶やさないようにするのは主婦の努めといわれ、火種に灰をかけて保存した。

　竈は、西日本ではクド（オクドサン）、東日本ではヘッツイなどと呼ばれる。大小または3つの焚き口のものがつくられることが多く、お湯を沸かし、ご飯を炊き、おかずを煮炊きするなどの調理を行う。竈は土間に土屋や石などを用いて築かれたが、戦後の生活改善運動によって、灰取り口や焚き口に鉄製の扉や煙突を設けて、タイル等をはった改良竈が普及した。竈には火を焚くための火吹き竹、竈から灰をかき出す十能、薪が燃えたおき火を消す火消し壺などが用意された。

植えなどの農繁期には、手伝いの人たちの食事では土間に簡単なつくりの卓を出して、履物を脱がないでカッテに腰掛けて食べ、家族も同じように後で食事をした。主家の右半分には6畳間が2室あり、この家ではそれぞれザシキ（座敷）、オク（奥）と呼ばれた。ザシキには、オクに接して仏壇と神棚が祀られ、冬にはコタツになる炉が

切ってあった。この部屋には電蓄（レコードプレーヤー）やテレビが置かれ、団らんの場所であった。ザシキには祖父母夫婦が寝て、となりのオクは曾祖母の寝室であった。ここに記した通りに勝手が食事の場であるとともに調理の場となっていること、ザシキと呼ばれた居間が団らんの場になっていることが、先述した間取りの農家と同様に、この家族の暮らしでも確認できる。このように具体的な暮らしを描くことで、戦後の農家の暮らしにおける家族の姿が、より明確になると考えられる。

都市の住まい　写真3-2に写った3人の家族の住まいは、首都圏の近郊農村地域につくられた公団住宅であり、戦後の代表的な都市の住まいであった。日本において産業革命が進んだ19世紀後半から20世紀にかけて、農村社会が変貌すると同時に、都市に人口が集中し工業社会の都市へと変貌が始まっていた。1934（昭和9）年の山村調査によって本格的に始まった民俗学の調査が、必然的に農山漁村に集中したことはすでに述べたが、都市には、新たな家族が生み出され、それまでの仕事場を持った商家や職人の住まいとは違う、生業から離れて暮らすためだけの住まい、すなわち工業社会における勤め人家族の住宅が用意されることになった。戦後の公団住宅もこれらの住宅の系譜に位置づけられるが、そこにいたるまでの都市の住まいを民俗学として捉えていくためには、研究成果を今後さらに蓄積していく必要がある。ここでは、食事、団らんという家族の主要な生活の部屋であった茶の間に注目して、都市の住まいを捉える視点を例示してみたい。

明治末から大正期に都市郊外の一戸建て住宅の代表的な間取りであった「中廊下型住居」は、中廊下によって部屋の通り抜けをなくす、「廊下の南側に伝統的な続き間の座敷を継承して、居間・茶の

間・客間などの居室部を、北側に玄関・台所・女中室・便所・浴室などのサービス部をおく、明快なプラン」(川添・松本 [2002]) とされる。それまでの、来客を接遇することを重視した住宅では、茶の間が台所に隣接した北側に位置することが多かったの対して、「中廊下型住居」では南側の表に位置し、家族生活を重視した住宅となった。茶の間には神棚・仏壇が置かれ、チャブダイを出して家族が集まって食事をとり、食後に団らんをする生活の中心である部屋であった。茶の間は小住宅や長屋にまで設けられたとされ、1923 (大正12) 年の関東大震災に対する義捐金で設立された同潤会によって建てられた代官山アパートの6畳と4畳半 (台所) からなる2室住宅に入居した住生活の研究者である西山夘三は、台所に接している4畳半を食事室兼居間、つまり茶の間とし、6畳を寝室兼客間として使ったことを記している (西山 [1978：140-151])。

　茶の間は、戦後の住まいにも受け継がれてきた。たとえば、東京都大田区にある戦後の住宅金融公庫の融資によって建てられた住宅を博物館としている「昭和のくらし博物館」の茶の間には、神棚が祀られラジオが置かれている。そして、その部屋のチャブダイには6人家族の朝食が展示され、昭和20年代後半から30年代はじめの茶の間の生活を再現している。そこには戦前から戦後へと茶の間の暮らしが連続していたことが示されている。

　その後、昭和30年代以降の茶の間には、白黒テレビが置かれ始める。各地の歴史系の博物館でここ十数年間につくられた昭和30年代の戦後生活の展示では、茶の間にチャブダイが置かれ、食事の場面を再現している。そこには、購入したばかりのテレビが置かれて、家族の団らんをイメージさせる場面であることが多い。これらの展示からは食料事情の好転を背景にした日常生活、そして物質的

にはいまだ豊かとはいえないが、新しい生活を目指し、実現しつつある昭和30年代の家族生活が共通して読み取れる。その一方で、実際の戦後生活におけるモノにあふれた家庭の物質文化の偏重の姿などが展示されることはほとんどないことにも注意する必要がある。

2 DK
食事の場所であった茶の間は、戦後の住まいの洋風化に伴ってLDK（リビングダイニングキッチン）に切り替わっていったとされるが、そのもととなったDK（ダイニングキッチン）の設計は、寝室とは別の食べるための部屋をつくろうとした産物であった。

写真3-2の家族が暮らした2DKの公団住宅は、戦後、高度経済成長期における典型的な住まいであった。1955（昭和30）年に発足した日本住宅公団の当初の代名詞ともなった2DKは、ダイニングキッチンと6畳、4畳半の2寝室（和室）からなる間取りの住宅であった。当時の公団住宅は、水洗トイレ、ガス風呂、ステンレススチールの流しなど、今日では常識となった設備がいち早く備えられた最新のものだった。

ダイニングキッチンは、1951（昭和26）年度の公営住宅標準設計51C型における台所を少し大きくして食事ができるようにした「食事ができる台所」が原案となってつくられた。公営住宅51C型の特色は、「食事ができる台所」によって、あとの2寝室で食事（特に朝食）を取る必要がなくなり、食事の場所と寝室の場所を別にすること、つまり「食寝分離」が可能となった。この設計プランの基本は、当時の小規模な住宅の暮らしを調査した生活実態に基づいて導き出された。「食寝分離」は、西山が1941（昭和16）年の川崎市労務者住宅、6畳と4畳半（台所）などの2室住宅において、6畳に親子が一緒に寝る過密就寝になっても4畳半を食事室にする例が

多いという調査結果を得たことで、一つの部屋が寝室にも食事室にも客間にもなるという畳の部屋が持つ転用性を日本の住宅の長所とする考えに対して、食事室と寝室を分ける必要があると主張したことに基づいている（西山［1967：435-456］）。

そして、住宅計画を研究する中で「食事ができる台所」を発想した鈴木成文は、戦時中から戦後の6畳と4畳半（台所）などの小規模住宅で、どこで食べてどこで寝るかという日常生活の調査結果、台所以外の部屋を寝室として使うために、台所で食事したり、台所を改造してもそこで食事している家が調査全例の1割あったことを確認した。この1割の家における専用の食事場所を確保しようとする生活への要求が、今後伸びていく可能性があると判断して「食事のできる台所」を構想したという（鈴木［1988：19-26］）。

これらの庶民住宅を計画するための調査は、当時の民俗学の調査対象から外れた都市の小住宅に住んだ人たちの暮らしの一端を、私たちに教えてくれている。たとえ小さな場所でも食事ができる場所をつくろうとしたというこの調査結果は、メシクイバなどと称された農家の勝手で食事を取っていた生活を小住宅で実現したようにもみえる。そこには都市の住まいと農村の住まいの交流を視点にした研究が開かれる可能性もうかがえる。

団地家族の暮らし　　2DKに入居した写真3-2の家族がどのように暮らしたのかをたどってみたい。1960（昭和35）年4月の引っ越しは、オート三輪車1台で間に合ったほど、家財道具がまだ少なかった。引っ越ししてすぐのころのダイニングキッチンは、ダイニングテーブルも置かれず、それまでの台所用具を置いても、まだ広々とした様子であった（写真3-5）。この団地へ引っ越してすぐにダイニングテーブルを使う入居者もいた

写真 3-5　ダイニングキッチン

写真 3-6　ダイニングテーブル

が、この家族は以前から使っていたチャブダイを食卓として使い続けた。前に住んだアパートでは、食卓として使った後、寝るときには片付けて布団を敷くという使い方だった。引っ越してからは、6畳にチャブダイを置いて食事をすることが多かったが、軽快に動かせるチャブダイなので4畳半でも食事ができ、食事の場所は固定されてはいなかった。しかし、翌年にダイニングテーブルと椅子を購入してからは、食事の部屋としてダイニングキッチンが本格的に使われ出した（写真3-6）。振り向けば料理が流し台からすぐにテーブルに置けることは便利であったとこの家族の妻は記憶している。以降、ダイニングテーブルは、誕生日、次男のお食い初めなどハレの行事の舞台となっていく。

引っ越したときに持ち込んだ家具のうち、三面鏡、整理ダンスが6畳の壁に置かれた。一方、4畳半はスポーツ新聞社への勤めで終電近くに帰宅することが多かった夫の寝室となった。北側の窓の隅には電気スタンド、ラジオを上に乗せた手製の棚が置かれた。就寝前にラジオを聴き、読書をしたという。北側の窓に接した壁には洋

3 家族生活と住まい

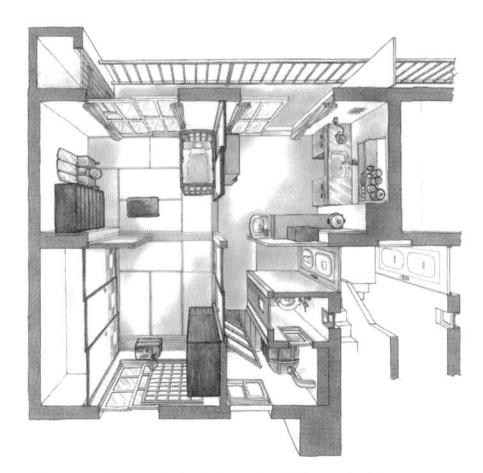

図 3-4　引っ越した当初 1960（昭和 35）年の 2 DK

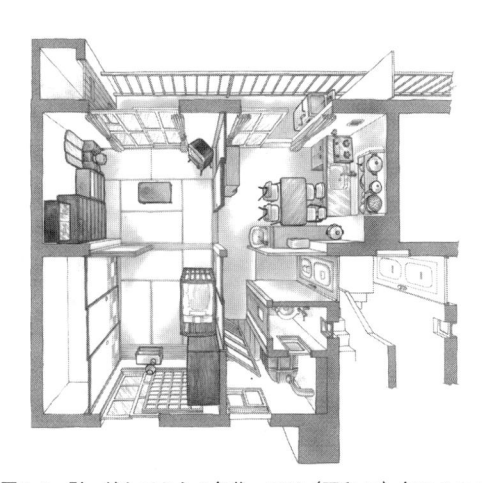

図 3-5　引っ越してから 2 年後、1962（昭和 37）年の 2 DK

出典）松戸市立博物館編、2000『企画展　戦後日本の生活革新―新しい暮らし方へのあこがれ』松戸市立博物館

写真 3-7 購入したばかりのテレビ

服ダンスが置かれた（図 3-4）。

　6畳の暮らしの大きな変化は、テレビが1960（昭和35）年の暮れに置かれたことであった。これ以降も、電気洗濯機（1962〔昭和37〕年ごろ）、電気冷蔵庫（1963年）を購入した（図 3-5）。昭和30年代にかけて、多くの電化製品をはじめとする耐久消費財が家庭で使われるようになったことは、当時、生活革新といわれた生活の変化であった。1954（昭和29）年に電機業界は日本の「家庭電化」を宣言する。昭和30年代当初、テレビ、電気洗濯機、電気冷蔵庫が家庭電化製品の三種の神器と呼ばれ、それらを手に入れることが豊かな暮らしへのあこがれを実現することとされた。写真 3-7 では、テレビの上にはサンタクロースの人形が置かれ、ビニール製のモンキー人形と映画会社の来年のカレンダーが鴨居に掛けられ、インテリアの

中心となっている。食事をとることが多かった6畳にテレビが置かれ、そこを団らんの場にしようとしたと考えられる。しかし、それからほどなくしてテレビが6畳から4畳半に移された。脚を外されて4畳半の窓際に移され、入居後に購入した子ども用ダンスの上に置かれていた。だが、このテレビの状態は長続きせず、子ども用ダンスが外され、同じ場所でテレビは脚をつけ直されて置かれた。その後、北側の窓側の向かって右側に移動され、それからテレビは同じ場所に置かれている。このテレビの頻繁な移動は、入居当初に比べて家財道具が増えてきたことから、その置き場所がにわかに狭くなってきたことを示している。このようにチャブダイからダイニングテーブルへの切り替え、テレビの導入など、この当時の生活変化をたどってみたわけだが、実際にはこの家族なりの理由を持った生活の変化があったことがわかる。そこには洋風化、家電製品の導入の実態が示されている。

　以上のように農村の家族と住まいに対して、都市の家族と住まいを併記してきたが、そこには、戦後生活の実態が映し出されている。民家の野外博物館などに展示された暮らしは民俗学が明らかにしてきた住生活の成果が生かされている。その暮らしが戦後生活の中で都市の住まいを含めてどのように変わってきたのかを、考えていくべきであろう。現実の住宅問題に取り組んでいた住生活計画学による住まい方調査は、労働者家族の小住宅における生活の一端を私たちに教えている。都市の住まいの研究の空白を補うためにこれらの調査資料を活用することも考えられよう。

引用文献

川添登・松本暢子　2002年「住居の20世紀」日本生活学会編『住ま

いの100年』ドメス出版、11-12頁

経済企画庁編　1961年「団地族と新しい生活意識の発生」『国民生活白書（昭和35年版）』経済企画庁、137-145頁

今和次郎　1989年『日本の民家』岩波文庫

杉本尚次　1980年「ヨーロッパ民家の民族学的・地理学的研究―野外博物館の民家を中心として―」『国立民族学博物館研究報告』5巻2号、507-512頁

鈴木成文　1988年『住まいの計画・住まいの文化―鈴木成文住居論集―』彰国社

中込睦子　1999年「家」福田アジオほか編『日本民俗大辞典』上巻、吉川弘文館、62-63頁

西山夘三　1967年『住宅計画』（西山夘三著作集1）勁草書房、435-456頁

西山夘三　1978年『住み方の記』増補新版、筑摩書房、140-151頁

日本住宅公団建築部調査研究課編　1962年『昭和35年度実施研究　公団アパートの居住者の世帯構造の変化―賃貸住宅入居者全数調査（その1）―』日本住宅公団建築部調査研究課

松戸市立博物館編　1996年『松戸市民家調査報告書』松戸市立博物館、88頁

松戸市立博物館編　2000年『企画展　戦後日本の生活革新―新しい暮らし方へのあこがれ―』松戸市立博物館

宮澤智士　1989年『日本列島民家史―技術の発達と地方色の成立―』（住まい学大系22）住まいの図書館出版局、91頁

横浜歴史博物館・神奈川大学日本常民文化研究所編　2002年『屋根裏の博物館―実業家渋沢敬三が育てた民の学問―』横浜歴史博物館・（財）横浜市ふるさと歴史財団、120-123頁

参考文献

青木俊也　2001年『再現・昭和30年代―団地2DKの暮らし―』河出書房新社

大河直躬著　1986年『住まいの人類学』（イメージリーディング叢書）平凡社

西川祐子　2004 年『住まいと家族をめぐる物語—男の家、女の家、性別のない部屋—』集英社
日本生活学会編　2002 年『住まいの 100 年』ドメス出版
日本民俗建築学会編　2001 年『図説　民俗建築大事典』柏書房

4 食をめぐる民俗

松崎 憲三

食生活の変化　日本の食文化の特徴について、文化人類学者の石毛直道は次のように指摘している（石毛［2001：10］）。

　巨視的にみたら、伝統的な日本人の食生活パターンは、東アジアの水田稲作地帯の食文化類型に属する。(中略) 米をもっとも重要な主食とし、野菜と魚が主要な副食物であり、大豆、穀類を主原料とした穀醬を調味料とし、箸をもちいて食事をしてきた。そのなかでも肉食を忌避し、油脂、香辛料をあまり使用しない独自の食事体系を形成してきた。

　主食としての米の位置づけについては改めて触れたいと思うが、こうした食生活パターンに大きな変化をもたらしたのが、明治政府の近代化政策と、昭和30年代半ば以降の高度経済成長であった。
　明治政府の殖産興業政策により、1919（大正8）年には工業生産額が農業生産額を超え、日本は産業社会になった。こうした産業構造の変化に伴い、給与生活者が増大し、自給自足型の食生活から、

消費型の食生活への移行が進んだ。そうしてこの時期、洋食が家庭でもつくられるようになり、都市には西洋料理店が登場した。加えて1923（大正12）年の関東大震災以後、中華料理店が急増した（石毛［2001：13-14］）。

石毛が指摘するように、日本の伝統的な食生活では肉食と油脂が欠如しており、その欠を補うべく西洋料理と中華料理が登場し、一般に受容されていった。この両者の浸透により日本の食生活は多様化した。ただし、西洋料理といっても牛鍋、スキヤキ、トンカツに象徴されるように、当初は日本化された単品が食されるにすぎなかった。ところが第2次世界大戦後はそれが一変して西洋料理そのものが家庭に進出し、それとともに「旬」と「加減」の持つ意味がなくなってしまった（岩井［1986：444-447］）。季節季節の素材を手加減によって巧みに味つけするというのが主婦の力量であった。ところが、西洋料理の普及とともに計量カップによる味つけが定着し、「加減」の持つ意味がなくなったのである。「旬」の衰退については促成栽培、ビニール栽培などの農業技術、さらには冷凍技術の発展が決定的なダメージを与えたといえる。

ところで、西洋料理の普及に比べて中華料理のそれはきわめてスローモーであった。それについては西洋料理をハイカラで上等なものとみなし、対する中華料理を経済的で実質的な料理とみなす価値観に起因する、というのがおおかたの見方である。明治維新以来政府が推進してきた近代化はイコール西洋化であり、それが庶民の生活や価値観の形成に影響を及ぼさないはずもなく、外国料理受容の微妙な差となって食生活の上に表れたものといえる。

柳田国男は1930（昭和5）年に著した『明治大正史　世相篇』第2章「食物の個人的自由」の中で、明治・大正期における食生活の

著しい変化として、次の4点を挙げている（柳田［1970：160-186］）。

① 温かい食べものが多くなった。

② 柔らかい食べものが好まれるようになった。

③ 概して食べものが甘くなってきた。

④ 多くの新しい食べものが食されるようになった。

このうち④について柳田は、肉食の浸透、西洋料理、中華料理の普及がその主たる要因とみている。こうした食の多様化は、いわゆる高度経済成長とともにいっそう拍車がかかっていった。米離れ、味噌汁離れなどが進行する一方で、パン類やパスタ類が食べられるようになり、肉、乳製品、卵など油脂の摂取量も増大した。ただし、パスタ類や肉類の需要が増えたとはいえ、そば、うどんといったおなじみの麺類や魚介類の消費量が減ったというわけではなく、これらにパスタ類、肉類等々が加わって、より豊かで多様な食生活へと展開を遂げたのである。また西洋料理、中華料理のみならず、さまざまなエスニック料理がたしなまれるようになり、「一億総グルメ」と呼ばれる社会現象が生ずるにいたった。

以上のおおまかな変化を前提に、各テーマに沿って食生活の実態にアプローチしたい。

食事の回数　コンビニエンスストアやパン屋で通勤途上買い物をし、勤め先で朝食を取るサラリーマンやOLが増えていると聞く。朝のあわただしい一時(ひととき)を有効にというわけであるが、朝食を口にしない、すなわち1日2食という人も少なくない。こうしたケースがみられるものの、今日では、1日の食事の回数はおおむね3食というのが大勢である。産業社会化が進み、サラリーマン層が増加するとともにおのずと固定化された慣行である。歴史的にみると、「平安時代には朝夕の2食で、労働の激しい者などが

間食をとった。その間食が固定化して昼食となり、中世から近世にかけて1日3食となり、定着した」という（増田［1999：861］）。しかし、近代の農山漁村にあっては必ずしもその回数は一定しておらず、労働内容により、季節により異なっていた。

かつて一度に大量の食事を口にすることのできることが、人のたしなみの一つとされていた時代もあった。福井県丹生郡国見村（現・福井市）では、「漁師というものは、忙がしい時は一日中なにも食べずに働いて、帰宅して一升食べたことがあったとか。こういうことを『クイオキ』といい、これは漁師のたしなみの一つであった」（鎌田［1976：92］）。また以下に記したのは、1944（昭和19）年に出版された『本邦郷土食の研究』に報告されている、新潟県下の山村の1日の食事の状況である（中央食糧協力会［1944：6-13］）。

○朝食　5時、ちゃなこまたはあんぶとお茶、時には漬物がある（ちゃなこは小麦、そば、稗（ひえ）、玉蜀黍（とうもろこし）粉を使ってまるめて焼き、あるいは蒸しまたは茹（ゆ）でて餅状、団子状にしたもの。その中に菜漬物、大根、蕪（かぶ）、茄子（なすび）、南瓜（かぼちゃ）のようなものを切って味噌（みそ）でもんだ飴（あめ）を入れたのがあんぶで、栃の実を入れると栃あんぶとなる）。

○昼食　10時、粟5、米3、野菜大根など3種のカテ飯に味噌汁と漬物。

○中食　午後3時、ちゃなこまたは昼飯の残り。

○夕食　8時半ごろ、雑炊またはカキッポウという粥、あるいは粟を主としたカテ飯（カキッポウは雑穀粉を使って糊（のり）状にしたもの、雑炊は陸稲（おかぼ）、稗、大根その他の野菜を煮たものである）。

こうしてみると、主食は米、粟に野菜を入れて炊いたカテ飯や、

粥、雑穀を粉状にしてつくった餅や団子が主体であることがわかる。山村という性格も考慮しなければならないが、米のウェイトが低い。それはともかく、食事の回数についてみると、午前5時、同10時、午後3時、同8時半の4回で、今日の昼食時間12時のそれは存在しない。また午前10時、午後3時の食事内容は、朝食、夕食のそれに匹敵し、私たちが認識しているおやつとかなり異なることが知られる。

一方、農村の食事回数の状況を（昭和初年～30年代ごろ）、東京都多摩市域を例にしてみることにしたい（多摩市史編さん委員会［1994：53-55］）。

○夏の例　　朝食（アサメシ、アサハン）：5時～5時半。午前の（中）間食（オチャ）：9時半～10時。昼食（ヒルメシ、オヒル）：11時半。午後の（中）間食（オコジュウ）：3時。夕食（ユウメシ、ヨウメシ、バンメシ）：7～8時。
○冬の例　　朝食：6時半～7時。午前の（中）間食：10時。昼食：12時。午後の（中）間食：3時。夕食：6時。夜食（ヤショク）：10時。

ここでは、朝食・昼食・夕食の3食が固定しており、（中）間食がその間に各1回入り、冬季のみ夜なべ仕事に伴って夜食が加わり、合わせて6食となる。ただし、（中）間食はどうも今日でいう、おやつに近い。

このような季節による違いと回数の多さは、労働を支えるため以外の何ものでもない。そうして昼食や（中）間食は農作業をする場でなされるのに対して、朝食や夕食は家族が顔を揃えてなされるも

のであり、その風景・雰囲気はおのずと異なるものであった。なお、(中)間食の呼称は、全国的にみるとオチャのほかコビル、コチュウハン、ケンズイ、ハシマ、タバコなど、地域によってバリエーションがある。またその内容は、残り飯や団子、饅頭、オヤキなどの粉食製品、イモ類、トウモロコシなどであり、今日のそれと比べるときわめて質素なものであった。

主食と副食　よく「日本人の主食はお米」といわれるが、先に示した新潟県下の山村における1944（昭和19）年の食事例をみると、必ずしもそうはいえないことがわかる。雑穀を餅状、団子状にした粉食、米と雑穀を混ぜたものに大根などの野菜を入れたカテ飯、あるいは雑炊が食べられていた。米だけを炊いたり、米と麦とを混ぜて炊いたいわゆる御飯を食べる機会は、古くは案外少なかった。三重県員弁郡員弁町上笠田（現・いなべ市）も畑作中心の村であったが、明治以前は米の飯は一生に3度炊いてもらうといわれ、それは誕生・結婚・葬式のときであった。明治前の常食は麦と粟の飯であり、ようやく近代にいたって米と麦中心の御飯となった。しかし、粉にした粟を2、3割入れて粟コモシと称して食べることもあった。そうして次第に麦が少なくなり、戦時下の配給制度の影響もあって1941-1942（昭和16-17）年当時は米1升に麦2、3合となった。これは冬から春の農閑期のときで、激しい労働の夏の農繁期には、麦は1合程度となった。麺類をウドンと総称し、随時食べるが夕食時が多い。サツマイモは3度の食事ではなく、コビリ（午後の間食）に用いた。

　大正時代から昭和初期にかけて、米だけの御飯を食べるようになった地域もあるが、米に加えて麦その他の雑穀を混ぜて食べる地域が大半だった。さらには白粥・茶粥・芋粥・小豆粥といった粥類、

水気の多い雑炊を食べて米の消費量を極力抑えたようである。また団子、焼餅、ソバガキ、ホウトウなどの粉食も欠かせぬ食物であった。こうした粉物は御飯よりも腹持ちが悪く、すぐお腹が減るというので夕食に食べることが多かったようである。三重県員弁町の例に端的に示されているが、1日の労働、季節の労働に応じて粉食と御飯、御飯における米と麦の割合を変えるという工夫がなされていたのである（増田［1995：40-47］）。ちなみに米と麦の割合は、3対7、5対5、7対3、9対1等々であるが、一般に時代が下るほど米の割合が多く、1965（昭和40）年前後にはほぼ米100％となる地域が広くみられるにいたった。

しかし皮肉なことに、このころから米の消費量は減少しはじめていく。1962（昭和37）年に、米の1人当たりの年間消費量は史上最

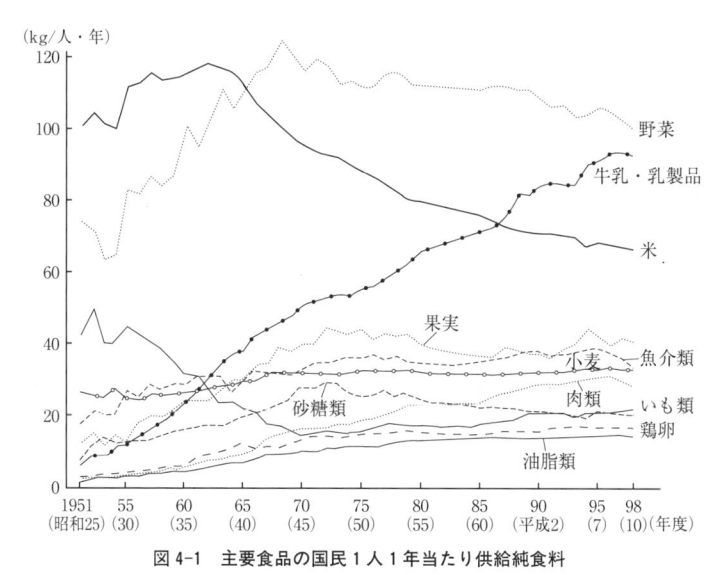

図4-1 主要食品の国民1人1年当たり供給純食料

出典）食料需給表（農林水産省）をもとに作成

多の117キログラムに達したものの、それ以後減少を続け、1999（平成11）年には65.1キログラムにまで落ち込んだ（図4-1参照）。その理由をパン食に求める声もある。パン食は、1953（昭和28）年に電気トースターが登場してしばらく後に主食の座につく。けれどもそれは、通勤や通学であわただしい朝食に限ってのことである。昼食や夕食は相変わらず御飯が選択される割合が高く、しかも副食（おかず）の種類と量が増えていった。そのため相対的に米の消費量が減っていったのである。そこで次に、その副食にスポットを当てることにしたい。

　1941（昭和16）年から1942年にかけて民間伝承の会（現在の日本民俗学会の前身）が行った、全国の90カ所をこえる食生活に関する調査報告の結果が『日本の食文化』（成城大学民俗学研究所［1990：1-667］）、『日本の食文化補遺篇』（成城大学民俗学研究所［1995：1-337］）に収められている。その副食に関する項を見ると、「味噌汁、漬物。一汁一菜多し」とか、「野菜の煮つけ、漬物、味噌汁」といった記述が多く、「時には魚（鯛、干鱈等）も」といった事例が見られるものの、獣肉類や乳製品の使用は皆無に等しい。当時の日常の副食は、全国各地とも味噌汁、漬物、野菜の煮物でほぼ共通し、それに煮豆やおひたし、梅干、そして時には魚がつくといった程度の、変化に乏しい単調なものであった。獣肉や卵類は病人の滋養食として重要なものであったが、東京都板橋区あたりでは、獣肉を食べるのは大正時代から昭和の初めごろで月1回くらいにすぎなかったという。肉の種類は豚肉が多く、ネギ、白菜、シラタキと一緒に大鍋で煮て醤油と少しの砂糖で煮つけて食べたようである。鶏肉は自宅で飼っている鶏が弱ってきたら潰（つぶ）し、骨も肉も一緒に団子にして甘辛く煮つけて食べた。一方卵は、鶏を飼っている農家では売り物なので自

家で消費することはあまりなく、病人に限って卵湯や卵酒にし、また生のまま御飯にかけて食べる程度であった。今ではお弁当の定番となっている卵焼きだが、大正時代まではあまりみられなかった模様である。

　第2次世界大戦後あたりまで、食事の中心は満腹感を満たす主食であり、副食はそれを流し込む添え物にすぎなかった。ところが高度経済成長とともに経済的に豊かになり、楽しむための食事へと移行し、副食も多種多彩になる。伝統的な料理に加え、新しい食材や料理が日常の家庭料理に取り入れられていったのである。

ハレの食事と御馳走（ごちそう）　ハレ（晴、非日常）とケ（褻、日常）は柳田によって設定された概念で、このハレとケが循環することによって私たちの生活がリズムづけられている（柳田［1969：56-77］）。ケが日常的な普段の労働や休息の時間と空間を指すのに対して、ハレとは正月や盆などの年中行事、出産や婚姻・葬儀などの通過儀礼、神社の祭りや寺院の法会といった特別な時間、空間を意味する。ハレの日には日常生活とは異なり、特別な場をしつらえ、特別な服を装い、また特別な飲物、食物が口にされ、さらには特別な行為が伴って、非日常的世界が現出される。「食事の回数」「主食と副食」とこれまではケの食物に照準を合わせてきた。ここではハレの食物と御馳走に焦点を移すことにしたい。ちなみに御馳走とは、元来駆け走って相手のためにつとめる行為や心境をいい、必ずしも食物で相手をもてなすことに限らなかった。近代でも、客を入浴させることも御馳走の一つとされていた。風呂あがりに「御馳走さま」と礼をいったのも、御馳走に対するねぎらいの言葉にほかならなかった。しかし近年では、御馳走といえば相手をもてなす美味な食物、豪華な食物を指すことはご承知の通りである。

『日本の食文化』をもとに、田中宣一がハレの日の食事と御馳走に分析を加えている（田中［1995：87-94］）。田中によれば、全国の各地域でハレの食物と考えられていたのは、餅と赤飯だったという。なお、その餅にも、雑煮などに入れる白い餅のほか、蓬や豆、胡桃、胡麻等を入れたもの、納豆や黄粉、大根おろし等にまぶして食べるものとあり、形状も丸餅、四角い切餅、菱形のものなど、さまざまな機会にさまざまな形状、性格のものが用いられていた。赤飯は米に小豆を混ぜて炊き、赤味を帯びさせた食物であるが、この餅と赤飯以外のハレの食物には、団子・粥・ウドン・ソバ・白い飯・寿司などが挙げられている。なおこの場合の寿司とは江戸前の握り寿司ではなく、押し寿司や五目寿司のように、味つけとともに見た目の賑やかなものが好まれたという。そうして、これら穀類を主とした食物以外のものでは、煮物や汁物、なます、尾頭つきの魚などが挙げられている例もあるが、穀物類の食品には比べるべくもない、と結んでいる。

　これらハレの食物の多くは、祭り・行事では必ずつくり、神仏に供え、そして皆でともに食べる（共食をする）ことによって、神仏の力を体得し、地域社会や家族・親族の人たちの連帯意識を強化するものであった。ところが祭り・行事が簡略化されるに伴って、買って間に合わせたり、まったくつくらなくなってしまったものもある。

　一方、婚姻、葬儀における食物の場合、家を会場として儀礼を行っていたころは、近隣の人々の相互扶助によって自前でつくっていた。場合によっては魚屋さんや特別の料理人が用意する例もみられた。東京都板橋区の例でいえば、1922（大正11）年、徳丸地区に嫁いだ女性の披露宴では、祝いのお膳は勝手に魚屋さんが板前として入って、料理を全部つくってくれたという。このほか料理屋か仕出

雑煮(ぞうに) COLUMN 4

正月の祝いとしてほとんどの日本人が口にする雑煮(ぞうに)だが、これは餅を主として野菜、魚介類、肉類などを取り合わせた汁もの(羹(あつもの))である。15世紀末から16世紀初期に著された『山内料理書』『食物服用之巻』によれば、雑煮は来客のもてなしの膳で、必ずしも年頭の食物ではなかった。しかし、1603(慶長8)年刊の『日葡辞書(にっぱ)』には、「ザウニ」は正月に出される餅と野菜とでつくった食物と記されており、17世紀初頭には年頭の儀礼食となっていたことが窺える。

全国各地の習俗をみると、正月様(年神)などへの供物あるいは食物として、カンとかオカンと呼ぶ里芋や大根の煮物、もしくは餅を入れない雑煮が用いられている。カン、オカンというのは羹の意味であり、こうしたことから、餅の入らない正月の羹と、来客のもてなしである雑煮が16世紀後半に結びついて現在の雑煮ができたと考えられている。したがって、「うちは(あるいはうちの一族は、うちの村は)正月に餅を口にしない」という餅なし正月の伝承も、これ以後成立したことになる。

日本の食文化の中でも最も地方色が出るのがこの雑煮であり、餅のかたち、中に入れる具、だし・味つけは各地さまざまである。今日の雑煮の主役である餅には、古風な姿をとどめる丸小餅と江戸時代に登場した角餅(切餅)とがある。そしてその分布は関ヶ原を基点として東西に分かれ、西は丸餅、東は角餅である。具では大根、人参が全国的で近畿圏や九州では里芋も重視される。信越ではサケ、松本周辺や中国地方などでは塩ブリも入れる。また味つけは、すまし派は全国的であるが、京都や福井、四国の一部では味噌汁仕立てといった具合で地方色が色濃く出ている。しかし雑煮はあくまで本土を中心とする食文化であって、北海道のアイヌや沖縄の食文化にはみられない。

し屋から本膳料理をとっていた家が多く、大正末ごろから外注化が進んだようである。板橋区域では、冠婚葬祭は昭和30年代ごろまでは自宅を会場としていた。ところがそれ以降、ホテル・総合結婚

式場、葬祭センターを会場として行われるようになっていった。これは全国的傾向であり、それによって儀礼の食物も和・洋・中およびそれらを折衷したものが広くみられるようになった（板橋区史編さん調査会［1997：560-567］）。

なお、御馳走に関しては、著しい東西差が認められたようである。田中の報告によれば、東日本では餅を御馳走に挙げている地域が多く、それに対して西日本ではより多彩で、餅を挙げる地域もあれば、刺身、スキヤキ、茶碗蒸しなど当時では珍しい食物を挙げる地域もあり、またいわゆる副食の類が多く挙げられていた。これらの御馳走は、餅や赤飯といったハレの食物として定着したものより融通性を持ち、第2次世界大戦後しばらくして食糧事情が回復し、さまざまな食材の入手が容易になると、またたく間に日常の食卓への進出を果たし、副食化してしまった。

食事風景　箱膳からチャブダイ、そして椅子式テーブルへという食卓の変化をたどりながら、食事風景、一家団らんのあり方をみることにしたい。

箱膳は、近世から近代にかけて庶民の間で広く用いられた四角い箱型の膳である（写真4-1参照）。普段その中に食器を納めておき、食事のときはかぶせ蓋を裏返しにしてお膳とする。水不足から、食器を洗うのは数日に1回にすぎなかった。いずれにしても、各人が個人専用の食器と膳を持ち、決められた座に座って、おしゃべりもせず黙って食事を取る、という風習が長らく続いた。ところが次第に西洋料理が家庭でつくられるようになると、チャブダイと呼ばれる洋風食卓をまねたもの（ただし座卓）が現われ（写真4-2参照）、家族も共有、共用の食器で食べる型が定着していった。なお、その箱膳からチャブダイへの転換期は1925（大正14）年ごろで、一方その

4 食をめぐる民俗

写真 4-1 水棚の膳類。中段左および下段右が箱膳（奈良県東吉野村）

写真 4-2 チャブダイ（提供：下関市豊北歴史民俗資料館）

チャブダイが椅子式テーブルに取って代わられるのは、1971（昭和46）年あたりである（図4-2参照）。便利さ、衛生上の理由などから箱膳は徐々にチャブダイに駆逐されていき、1968（昭和43）年には日本の全家庭の3分の2がチャブダイを用いていた。しかしそのチャブダイも、生活の洋風化が進むにつれて、利便性を理由に椅子式テーブルに凌駕されることになる。しかもそれは、住宅建設にみら

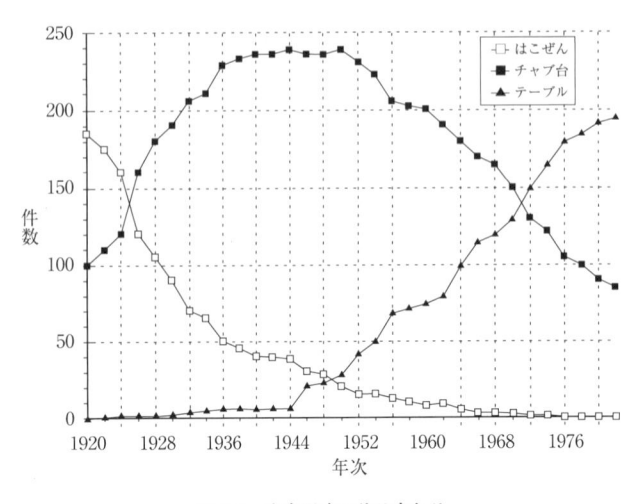

図 4-2　食卓形式の移り変わり

出典）石毛直道・井上忠司、1991『民博報告別冊 16　現代日本における家庭と食卓』
　　　国立民族学博物館による

れる第 2 次世界大戦後の政策、国民生活洋風化および洋風の学校教育を受けた子どもそして主婦の主唱に基づくものだったという（石毛・井上［1991：186-197］）。

『日本の食文化』に示された、戦前の岡山県川上郡備中町平川(現・高梁市)の食事風景は次のようなものである。以前は銘々の箱膳で食べていたが、近時食卓の普及をみた。現在この比率は食卓の家庭が 2 割、箱膳の家庭が 8 割ぐらいのものであろう。食卓のことを飯台と呼ぶ。飯台で食べる場合は、一家族皆そのまわりを囲んで食べる。ただし雇人、下男・下女は別な膳で食べる。来客時もちょっとした客人は皆家族と一緒に囲炉裏辺または飯台のそばですまし、上客のときは客間へ行ってもらって主人ばかりがお相手をし、そこで食事を供する。座席は囲炉裏を中心にして定める。奥に近い一の

席をサキ座といい、戸主・祖父が座る。二の席をカミ座といい、祖母・女の子が座る。三の席をシモ座といい、男の子が座る。四の席をチャ座といい、主婦か下男・下女が座る。飯台につく場合もこれに準ずる。

1941-1942（昭和16-17）年の農山漁村部は、箱膳からチャブダイへの過渡期であった。そして岡山県下の例にみられるように、祖父母、主人・主婦、男の子・女の子、下男・下女あるいは来客といった家族内における位置の差によって、チャブダイを用いるか箱膳その他の膳を用いるかの相違が認められた。膳の種類も誰が使うか、あるいはいつ使うか（ハレの日かケの日か）によって異なるようである。成員の家族内での位置がはっきりと表れるのはその座順である。神仏の祀られている所をもとにしたカミ座、あるいは囲炉裏(イロリ)のヨコ座に相当する場に主人が座り、その他の家族内の位置に応じて構成メンバーがそれぞれの場に座るというかたちをとっている。すなわち、囲炉裏の主人の座は箱膳の場合も変わらず固定しており、その上で他のメンバーの座順を決める、あるいは囲炉裏の座順をそのまま踏襲してチャブダイへ平行移動するというかたちがとられた。家父長制（家父・家長の支配権を絶対とする家族形態）に基づく家族関係が、食生活にストレートに投影されていたのである。また、食事の作法にも厳しいものがあった。一膳飯、三杯汁はタブーとされ、箸の相挟みや箸をかんだり御飯の真中に立てることも忌まれた。茶碗を叩くことなどはとんでもないことだった。食事中のおしゃべりは当然禁止され、黙って食べるようしつけられた。食事は必ず神仏に供えてから食べるもので、神仏とともにいただく神事(かみごと)にも似ていた。ただし、食事中誰もしゃべらないかというとそうでなく、家長が仕事の段取りや世間話をしゃべり、子どもに説教する機会でもあった。

現在では食事時は一家団らんの場と考えがちであるが、当時はそうではなかった。一家団らんの機会は、囲炉裏を囲んだくつろぎの時間など、別の場に設定されていた。では箱膳からチャブダイへ変わったとき、食事風景はどのように変質したのだろうか。当初はやはり箱膳時代の名残をとどめ、おしゃべりの少ない風景だった。しかし、マンガの『サザエさん』を連想すればわかるように、狭いチャブダイで顔をつき合わせて食事を取るにつれ、大皿から取り合う際にいさかいを起こすなどほほえましい光景が徐々にみられるようになり、自然と会話がはずむようになっていったようである。それもしつけにかかわるものから次第に世間話にウェイトが移っていった。そうして第2次世界大戦後の椅子式テーブルの時代になると、サラリーマン家庭が増加し、また学校生活が家庭生活に入り込むようになった。すると世間話もさることながら、今度はしつけに代わって成績、進学などが主たる話題となり、話し手は家長（戸主）から主婦へと移行した。

　こうなると食卓は子どもにとって決して一家団らんの場でないことになるが、家族のメンバーがそれぞれのライフサイクルに従って過ごす傾向が強い今日、食事に家族全員が顔を揃えるというのもままならないというのが現状である。1993年5月25日付朝日新聞の朝刊に「寂しい子供の食卓風景」と題する記事があった。これには全国くらしの研究委員会なるグループが、全国12都道府県の小学5年生4513人を対象にアンケート調査をした結果が示されている。それによれば、1人だけあるいは子どもだけで朝食を取る子どもは4割、朝も夜も1人という子どもが1割近くいるという。そして「不況になって、父親は早く帰ってくるようになったが食卓に子供の姿がない。学校から帰ると軽食をとって塾へ行き、帰宅すると電

子レンジであたためた夕食を遅くとる。寝る前に再びカップラーメンを食べるような子供が多い」と結んでいる。柳田が1930(昭和5)年に指摘した「食物の個人的自由」は、いわば時代を先取りしたものであり、今日柳田の予想をはるかにこえたかたちで進行した結果、家族のあり方にさまざまな波紋を投げかけているのである。

引用文献

石毛直道・井上忠司編　1991年『現代日本における家庭と食卓』(国立民族学博物館研究報告別冊26)国立民族学博物館

石毛直道　2001年「二十世紀日本の食」日本生活学会編『生活学第二十五冊・食の100年』ドメス出版、9-48頁

板橋区史編さん調査会　1997年『板橋区史』(資料編5　民俗)板橋区

岩井宏實　1986年「変転する日常生活」谷川健一ほか『現代と民俗』(日本民俗文化大系12)小学館、415-458頁

鎌田久子　1976年「一日三回食事をするようになったのはなぜ」高崎正秀ほか編『ケ(褻)の生活』(日本民俗の視点2)東京書籍、90-93頁

成城大学民俗学研究所編　1990年『日本の食文化』岩崎美術社

成城大学民俗学研究所編　1995年『日本の食文化補遺篇』岩崎美術社

田中宣一　1995年「"御馳走"と食文化」田中宣一・松崎憲三編著『食の昭和文化史』おうふう、76-97頁

多摩市史編さん委員会　1994年『多摩の民俗・衣食住』多摩市

中央食糧協力会編　1944年『本邦郷土食の研究』東洋書館

増田昭子　1995年「雑穀の優劣観」田中宣一・松崎憲三編著『食の昭和文化史』おうふう、39-75頁

増田昭子　1999年「食事」福田アジオほか編『日本民俗大辞典』上巻、吉川弘文館、861-862頁

柳田国男　1969年「木綿以前の事」『定本柳田國男集』第14巻、筑摩書房、1-218頁

柳田国男　1970年「明治大正史　世相篇」『定本柳田國男集』第24巻、筑摩書房、127-414頁

参考文献

田中宣一・松崎憲三編　1995年『食の昭和文化史』おうふう

日本生活学会編　2001年『生活学第二十五冊　食の100年』ドメス出版

原田信男　1993年『歴史のなかの米と肉』平凡社

宮本馨太郎　1973年『めし・みそ・はし・わん』岩崎美術社

安室知　1999年『餅と日本人』雄山閣出版

5 村と町のなりたち

松崎 憲三

村の変貌　近年日本を訪れ、東海道新幹線の車窓から景観を眺めていた中国の研究者が、隣席の日本人に「日本では村というのはどこにあるのですか」と尋ねたというエピソードが伝えられている。ビルや家並がえんえんと続き、そのすき間に一瞬農地が見えたとしても、彼がイメージする村（村落）の姿とはかなり異なっていたのだろう。家々がまとまって集落を形成し、その周りに耕地（ノラ）が展開し、さらに原野（ハラ）や山林（ヤマ）が広がる村の姿は目にとまらなかったのである。確かに第2次世界大戦以降農業人口は減少し、農地の宅地化が進行したことで村の姿も大きく変わった。しかし農業人口、専業率の極端な低下に比べると、戸数の減少幅は小さいといわれている。家族の他出によって世帯規模は縮小しているが、大半は後継ぎがいる。後継ぎは雇用就労し農外収入が過半の第2種兼業農家が多いものの、農業を家業とみる意識が強く、地域社会の交際を維持しながら生活を営んでいる。ここでは、商工業者やサラリーマンが集住する町（都市）を視野に入れながら、その空間的特徴、社会関係、自治と祭祀のあり方についてみていくことにしたい。

村の空間的特徴

村や町の構成単位は家であり、家においては家族を中心に日常生活が営まれている。それぞれの家は独特の家風を持ち、先祖を祀る仏壇や位牌、墓地あるいは生活を維持していくのに必要な田畑などの家産を有している。これらは主として男系を通して子々孫々に継承されていくのが特徴であり、家が世代を超えて永続することが家族の切実な願いであった。なお、家族が居住する日本の伝統的な民家は、外形からみると変化があって種々多様である。しかし間取りという点では、全国共通といってよいほど特定の原型からなりたっている。その最も典型的な間取りは、西日本を中心としながらもほぼ全国的に分布していた田の字型（四間取り型）の民家である（第3章参照）。土間と台所・納戸(ナンド)・出居(デイ)・座敷といった床部分4室からなり、座敷あるいはデイに仏壇や神棚が設けられており、土間には火所を守る荒神やカマド神と水所を守る水神が祀られ、台所には福神であるエビスと大黒が並祀されている。家における人と神仏は、ともに食事を取り、行事のたびに交歓し合うのであり、家は人と神仏との共棲空間にほかならなかった。

古くはこうした家々の集まる集落の部分を（狭義の）村としていたのであり、耕地とか山林原野は単に村に付属する土地にすぎなかった。しかし、村を一つの行政区画とするようになった中世末から近世初頭以降、耕地や山林原野まで含めて（広義の）村として把握するようになった。こうした経緯をふまえて、稲作農村をモデルに空間構成模式図を描くと以下のようになる。

① ムラ＝集落＝定住地としての領域。
② ノラ＝耕地＝生産地としての領域。
③ ヤマ（ハラ）＝林野＝採取地としての領域。

そうして理念的には、これらは各々の領域が内から外へと広がる三重の同心円構造を持っている（福田［1982：33-62］）。

このうち耕地（ノラ）をみると、各家々の小規模な耕地がほぼ一定範囲内に混在するかたちをとっている。つまり、一軒毎の耕地が必ずしも1カ所にまとまっているわけではなく分散しているために、家毎の耕地が複雑に入り混じっているのである。そうして本家や旧地主層、自作農層など階層的に高いとされる農家は、ノラの内側に比較的まとまって耕地を持つのに対して、分家や旧小作人層の耕地は周縁に分散する傾向があり、しかも一筆当たりの耕地面積は狭いといった傾向が確認できる。一方土地利用について観察してみると、集落（村）からの距離に対応して栽培作物やその集約度が規則的に変化していくことが指摘できる。つまり車社会となる昭和40年代あたりまでは、生産手段や収穫物の運搬量の多い作物、管理に手間がかかり頻繁に耕地に出向かなければならない作物ほど、家に近い耕地で栽培される傾向が強かったのである。ちなみに稲作に必要な灌漑用水の利用と管理は、耕地が混在することから共同でなされた。そのため後ほど触れるような、家と家とのネットワークが縦横に張りめぐらされている。

村社会全体が共同で所有し管理する生産手段は、この灌漑用水のみならず山林原野も同様である。その所有は村社会の一部の家々であったり、その村全体あるいは近隣の複数の村々の場合もあるが、こうして共同所有する山林原野を入会地（共有地）と称していた。この入会地は田畑の肥料、薪などの燃料、家畜の飼料さらには屋根を葺く建築材などの供給地として、農業生産のみならず村社会の生活そのものにとって不可欠な存在であった。そのため入会地の利用については、その期間や利用方法が定められており、伝統的な慣行

によって維持されてきた。近代化や都市化、観光化などに伴う開発の過程で、集落に近い部分が分割されて私有地になった所も多い。今日でも共有地が存在する地域では、山菜やキノコ類の採集地、材木の植林地さらにはスキー場、ゴルフ場などのレジャー用地として利用しており、村社会を経済的、精神的に支える基盤となっている。

ところで家が人と神仏との共棲空間であったように、村落内の各領域には、村の人々の生活を守護する数多くの神仏がちりばめられている。厳しい自然と対峙しつつ生活を送らなければならなかっただけに、機能を異にするさまざまな神仏の加護を必要としたのだろう。集落（村）には五穀豊穣をはじめとする万能神の氏神が祀られている。神明社や八幡神社、春日神社等々が祀られ、季節毎、年毎の祭りを通じて人と神との交歓が行われ、村人同士の連帯感が培われる。氏神は村に住む氏子にとって、地域社会統合のシンボルであり、またコミュニティセンターといった趣を持つ。境内には杜(もり)がうっそうと繁り、昆虫や鳥が飛び交いさえずり、さらには憩いの家や集会所が付設されている場合も見受けられる。このほか境内に小さなお堂があって地蔵や観音が祀られ、活発な宗教活動が行われている。明治初頭の神仏分離政策をかいくぐって、神道系の氏神と仏教系のお堂・寺院が同居している姿は、近畿地方をはじめとする村に少なくない（原田［1972：255-291］）。

このほか耕地（ノラ）に祀られている野神・田の神、あるいは山林・原野（ハラ、ヤマ）に祀られている山の神は、それぞれの領域を管理し、作業の安全や豊作を保証してくれる存在にほかならなかった。また、自分が居住する村とよその村、すなわち内と外とを区分けする村境(ムラザカイ)といえば、今日ではヤマやハラの外側の境界線（地籍境）と考えられている。しかし実はそれではなく、家々が立ち並ぶ

写真 5-1　石造道祖神（左）と東日本に多い人形道祖神（右）（秋田県湯沢市）

狭義の村（集落）の外周の、隣村へと通ずる道との接点、特に三叉路などが村境と認識されており、そこに地蔵や道祖神を祀って内側を守護した（写真5-1参照）。今日でもこうした場所にシメナワを張りめぐらす行事がみられ、これを近畿地方では勧請縄、関東その他では道切りと呼んでいる（松崎［1989：191-201］）。

町の空間的特徴　町とは「広義には都市と同義であるが、狭義には、都市（的）地域における地域統合の基本単位となる社会や地区」を指す（内田［2000：571］）。まずは狭義の町に視点を当てながら、都市の特徴把握につとめたい。一般的にいえば町の形状は家々が密集した集村のうち街村と呼ばれるもので、1本の道の両側に1列に家が立ち並ぶかたちである。そしてその長さはおよそ400メートル以内がふつうだという。万一内部の人口がこの適正規模を超えると、いわば細胞分裂のように第2のコミュニティとしての町がもう一つつくられる。観光地としてよく知られている飛騨高山の場合、上町・下町という二つの町が結合しており、

上町が400メートル、下町が600メートルの計1キロメートルに及ぶ。しかしそれ以上には伸びず、宮川の対岸に職人のマチ長屋町が形成され、高山は都合三つの町からなりたっていた。ほかの地域のそれを考えても、紐状コミュニティの長さは、一つの道に沿って連続的に結合するのは全長1キロメートルどまりだという（明治大学神代研究室［1977：169-177］）。一つの町の形成は、一方向1キロメートルに成長してはじめて、今度は幅を変えるというのである。その後の展開については言及されておらず、はっきりしたことは不明であるが、市街地の膨張・拡大に伴って縦横に紐状コミュニティが伸びてつながり、都市へと発展していくものと考えられる。

　こうした形態をとる町の家々は、通りに面した平入り（民家の大棟に平行して側面に出入口を設けたもの。対語は妻入り）の間口を持ち、奥行きが深い短冊状の、俗にいう「鰻の寝床」と呼ばれる地割りが特徴である。通りをはさんで向かい合う家々の集まりが一つのブロックを形成しており、京都の古い町を例にとれば、一つのブロックは幅60メートル長さ120メートルを基準として境界が設けられている。通りの片側にはおよそ10戸から18戸が立ち並び、各家々の宅地の間口は合併あるいは細分化によって、5間(けん)・8間等々大小の差が生じている。そうして村であればその運営費を各家が所有する田畑の面積を基準に徴収していたのに対して、町場では通りに面した間口の幅を基準に徴収していた。田畑の面積、間口の幅を各家の財力をおしはかる基準とみなし、分相応に負担を求めていたのであり、ある意味ではきわめて合理的といえる。

　ちなみに町屋についていえば、片側にトオリニワと呼ばれる土間が表から裏まで通り抜け、出入口もここに設けられている。そうしてこの土間に沿って、最少1列（多くて2列）の部屋が立ち並んでい

図 5-1　天神山町の会所家

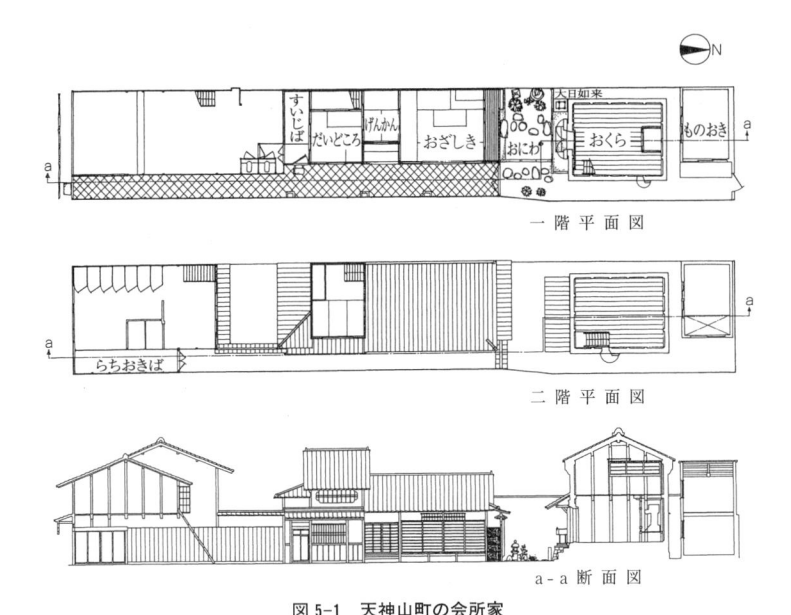

出典）京都大学建築史研究室編、1975『祇園祭山鉾町会所建築の調査報告』による

る。商家であれば、これらの部屋のうち通りに面した 1、2 室は店となる。道路沿いのこの空間は、形態および機能の上で奥の部分とは異なる。そして奥の間は客をもてなす座敷、食事の空間、団らんの間であり、家族の日常生活にとって重要な空間である。また最奥部に蔵が設けられているのがふつうで、屋敷地の一隅には村落の家と同様に屋敷神が祀られている（図 5-1 参照）。現在、都市の高層建築の屋上によく祀られている小さな祠は、もともと下にあったもので、土地の有効利用からビルの建設とともに屋上に祀りあげられたものが多く、屋敷神の遺制といえるのである。

　さて、短冊状の屋敷地は一つの町屋によって占められたほか、近世以降その裏に長屋が建てられるケースもままみられた。表通りに

沿って比較的大規模な町屋と、路地を囲んで密集する長屋群が同居するようになり、住まいがひしめく長屋では、冠婚葬祭のつき合いから味噌、醤油の貸し借りにいたるまで、インフォーマルな近隣関係が保たれていた。それに対して表通りの町屋においては、近隣関係が比較的薄く、京都の西陣などでは主人の方は大店(おおだな)同士のつき合いとして町寄合に参加するものの、婦女子になると外出もまれで、お互い隣家に娘がいるかどうかも知らないほどだったという。現代都市の近隣関係に通ずる側面がうかがわれる。このようにしてみると、表通りの近所づき合いは、主人たちの町寄合によってかろうじて保たれていたかにみえるが、実際はその町寄合の会場となる町会所では祇園祭や地蔵盆が繰り広げられており、ハレの場面での交流は男子のみならず、婦人・子どもも混じえて行われていた。この点については改めて触れるが、このときの町の人たちの団結力は、ふだんの近隣関係の希薄さからいえばうそのようである。ふだんのつながりが弱いからこそ、町内連帯の機会として祭り・行事は重要な役割を果たしているのである。

　京都の地蔵盆は夏の風物詩としてあまねく知られており、各町内毎に辻あるいは会所の地蔵を盛大に祀っている。地蔵の前で百万遍の数珠を繰り、金魚すくい、福引といったアトラクションがそれに続く。京都の町はいうまでもなく、真夏の最中に１カ月あまりにわたって繰り広げられる祇園祭が１年のリズムの根幹をなしている。このときは地蔵盆と比べようもない多大な資金と準備日数をかけ、他の町内とその華麗さ壮大さを競い合う。その中心となるのは男衆であるが、地蔵盆は婦人・子どもが表舞台に出る数少ない機会といえる。また各町内毎に祀られている地蔵のほか、京都の都市域を守護する境の神仏が市街地周辺部に祀られている。六地蔵がその代表

であり、閻魔も同類のものと位置づけられる（松崎［1989：201-208］)。地蔵についてみると①深泥池（上京区鞍馬口寺町・上善寺）、②山科（山科区西ノ宮・徳林庵）、③六地蔵（伏見区桃山町・大善寺）、④鳥羽（伏見区上鳥羽・浄禅寺）、⑤桂（西京区下桂・光林寺）、⑥常磐（右京区太秦・源光庵）と、都市域の入口6カ所に祀られている。規模こそ異なるものの、その持つ意味は村境に祀られている神仏と共通するものがある。

自治と会所 京都市中京区天神山町は、7月の祇園祭に霰（あられ）天神山なる山鉾を出す町内として知られている。ここの会所は、音羽家が断絶したのを契機に町内会に寄贈されたもので、先に示したような典型的な町屋の構造をなしている。この会所を舞台として繰り広げられる行事は次の通りである。

　　4月下旬……………………初寄合
　　7月17日 ………………祇園祭
　　8月23日ごろ …………地蔵盆（大日さん）
　　9月（3月）彼岸 ………音羽氏供養
　　11月25日…………………お火焚き（毎月25日は天神まつり）
　　1月……………………新年会（男子のみ）
　　3月……………………年度末総合

1月の新年会が男子のみ参加というのは、大店の戸主が集まっていたころの名残なのかもしれない。この他緊急の際はもちろん臨時の寄合が開かれ、祇園祭前後は寄合の連続だといわれている。なお京都全体をみると、いわゆる高度経済成長によってビル化が進行し、中心部の居住者も減り、そのため町内会が自然消滅してしまった例もある。当然のことながら寄合を開く必要もなくなり、会所も閉鎖されたものが多い。天神山町でも、店は現在地に構えているものの

郊外に住居を構え、そこから通勤しているという人の方が多くなってしまった。それでも占出山町その他のように、町内の寄合や祭り・行事のみならず、生花教室や習字教室などの文化行事にも利用され、コミュニティの核として機能している会所もある。

京都の市街地のみならず、奈良市旧市街地の各町内にも会所があって、必ず神社・小祠あるいは小堂が伴っており、現在でもさまざまな神仏の祭祀が執行されている。その一方で町役が寄合う政事(まつりごと)の場にもなっている。行政レベルでは政教分離の方向に進んだが、町内会や村の自治会レベルでは必ずしもそうではなかった。奈良盆地農村部の会所・氏神・村寺（お堂）といった三者の位置関係とその運営について分析を試みた原田敏明は、「ムラあるいは町内は社会生活を営む基本的な単位であり、政治はいうまでもなく、経済にしたところがムラを単位として行われていた」、「宗教においても同様で、氏神社はムラや町内のものであって、個人の信仰に立脚するものではないため、ムラや町内の政治・経済とも密接に関係し、政治の場所でもあった」、「つまり会所と氏神と村寺、この三者は全く場所を同じくするだけでなく、その経営においても一に帰している。こうした状況は全国にふつうであるとはいえないが、少なくとも近畿には一般的といえる」と指摘している（原田［1972：255-291］)。

町場では会所と呼ぶが、その他の地域では自治会館あるいは集会所などと称している。政事についてみると、各家の代表が一堂に会して討議・決定する機会があり、それを寄合（常会、自治総会）という。寄合は年に数回あり、初寄合は4月に開かれ、予算や年間の行事日程を決める。また道普請(みちぶしん)、溝浚(みぞさら)え、水番、入会地（共有地）での草刈その他の共同労働の出不足料なども決めていた。1戸から1人出るのが原則で、男子の一人前の労働力を基準に、出られなかっ

過疎化と地域社会の再編　　COLUMN　5

　昭和30年代後半以降の高度成長に伴う近代化・都市化の浸透、農林漁業の資本主義体制への全面的組み入れ、社会移動の急激な拡大（過疎化・過密化）等々により、地域社会は根底から崩壊し、再編を迫られるにいたった。

　たとえば過疎地を例にみると、若年層の流出と高齢化によって道普請・溝浚え・寺社や墓地の草刈などの共同労働の多くはすたれた。また、広く行われてきた農繁期や冠婚葬祭における相互扶助もみられなくなった。生産や流通にかかわる在来の機能を行政や農協・漁協などが代行し、機械や葬祭およびブライダル産業が補完することにより、かろうじて地域生活が維持されているといえる。なお、消防団体や祭りの組織も過疎化にむしばまれ、縮小・再編を余儀なくされている、というのが実状である。

　こうして過疎化にあえぐ農山漁村や地方小都市では、地域の再編と活性化をはかるべく、さまざまな取り組みがなされている。(a) 地域のイメージづくり、(b) 人材育成、(c) 観光レジャー開発、(d) 伝統文化の継承と活用、(e) 特産品の開発等々がそれである。このうち (b) の人材育成は「ふるさとづくりはまず人づくりから」といった視点に立つもので、人材育成を目指した塾の設置や海外派遣などがある。(d) は山形県南陽市の「夕鶴の里」のように、地域文化を見直しつつ、さまざまな文化活動を支援する施設を建設した例もある。(b)、(d) はどちらかといえば地域住民向けの事業であるのに対して、(a)、(c)、(e) は都市住民向けの事業にほかならない。

　今日、都市と農山漁村との地域間交流は盛況をきわめている。農山漁村側は、地域のイメージをアピールし、特産品の購買や観光客の到来を促すなど、都市住民の助力を得て地域の再編・活性化をはかろうとしているのである。U、I、Jターンといった施策も、そうした活動の一環として推し進められている。

た家からその分の金額を徴収し、女性が出た場合、不足分に相当する労力の金額を支払わなければならなかった。なお、寄合における

議決は、今様の多数決ではなく、全会一致を基本としていた。その場合も投票や挙手によって決めるわけではなく、厳密に数を数えないで「賛成多数で云々」というかたちで決めてしまうことが結構多かった。そのために根回しがしきりに行われたようだが、一生顔をつき合わせて生活していかなければならない地域社会にあっては、後々シコリを残さないための生活の智恵だったのかもしれない。

村や町では一つの町内会、自治会あるいは区としてまとまりを持つ一方、家々をいくつかにグルーピングして組織化を図り、自治運営につとめている。そのグルーピングの主なものは組であり、村組と近隣組との二つがある。この二つの組織のうち、前者は地域社会の運営にとって必要なものとして地域社会の内部で組織されたのに対して、後者は外部からの制度に基づいて（近世の五人組、第2次世界大戦中の隣組制度など）登場したものである。村組の名称には東北地方の洞（ほら）、屋敷、北関東の坪、南関東の庭、谷戸（やと）、関東・中部の垣内（かいと）、耕地、九州地方の門（かど）、方切（ほうぎり）などがある。また村内部では上・中・下、あるいは東西南北など位置関係や方位を示す語をつけて呼び分けている。そうして村組は、冠婚葬祭や相互扶助、共同労働および小祠の祭祀、講の基礎単位として機能している。一方の近隣組は家並に5、6軒単位で結びついたもので、古くは行政の末端組織といった色彩が強かったが、今日では葬式の際の手伝いなど、家々の互助協力活動といった私的な側面に関与している。

年齢集団　村や町といった地域社会は家を基礎単位としているが、戸主・主婦・子どもたちといった構成員は家の枠を超えて、同じ性、同じ世代毎に組織をつくり、地域内の仕事を分担する、祭りにかかわるなどのかたちで地域社会に貢献している。なお同じ世代といっても、その範囲は地域によってバリエー

ションがある。しかし7歳、15歳、25歳、42歳、60歳を基準に幼児、少年、青年、壮年、中老、老人と6段階に区分することが多い。通常男子のみの場合が多いが、年齢を主要な組織原理として形成される集団を年齢集団と呼ぶ。その年齢集団の代表が若者組、若者集団である。その役割は次のように多岐にわたっている。①地域社会の労働の担い手、②警防、消防、災害時の出勤、③地域社会の労働統制（休み日を請求したり、逆に休み日の労働統制につとめたりする）、④祭礼行事の執行、⑤余興・娯楽行事の実行、⑥婚姻への関与、⑦教育機能、等々である（詳しくは第6章参照）。

　また子ども組は基本的には男子のみで組織されており（男女混合というかたちもなくはない）、おおむね7歳で加入し15歳で脱退する。なおこの15歳の脱退は、若者集団への加入と接続している。子ども組の内部秩序もそれなりに制度化されているが、若者集団ほど厳密ではない。親方とか大将と呼ばれる統率者がおり、まれに会計がいるほかには役職者はおらず、これらには年長者がなるものの、その内部を年齢によって段階区分するということはない。子ども組の名称もさまざまであるが、長野県などではサイノカミ、サンクロウナカマなどそのかかわる祭り・行事名で呼ばれるのがふつうで、そのことは子ども仲間の活動が祭り・行事に限定されていることを示している（福田［1983：101-103］）。

地域と祭祀　地域社会を守護する氏神を中心に、全国いたるところで特色ある祭祀が繰り広げられている。こうした祭祀に対する取り組み方は、村あるいは町内会（自治会、区）によって異なっており、また宮座といった特異な祭祀組織を有する地域もある（第11章のコラム参照）。ここでは若者仲間に注目しながら、輪島市輪島崎・輪島前神社の大祭（8月25日〜26日）を取りあげる

ことにしたい。この祭りは神輿にキリコ（切籠）がお伴し、松明を立てて御幣を奪い合うというのが特徴である。また祭祀組織との関連でいえば、若者仲間であるツレ（連中、同齢・同輩集団）と25歳および42歳の厄年の男性が祭りにかかわる点でも興味深い。祭りの概要は、25日夜に引きずり松明、社名旗、大刀、弓などのお道具類を先頭に、お旅所までの神輿渡御がある。その途中浜辺に立つ柱松明の周りを、お道具類・神輿が3周した後、柱松明を倒して御幣を奪い合うなどの凄烈なシーンも展開する。神輿はお旅所で一夜を明かして翌日還御する、というものである。

　輪島前神社の氏子地域は、宮町・仲町・寺町・日吉山地区（全210戸、1000人）であり、氏子総代は4人、各町内の各班から選出された社事係は17人である。これに神主と輪島崎区の区長を加え、祭礼必要経費の「割りつけ会議」を行い、社事係が各家から徴収する。ちなみに神輿渡御におけるお道具持ちは41、42歳の老厄年と呼ばれる人々がつとめることになっている。これに対して24、25歳の若厄年の人たちは、裃（かみしも）姿、裸足で神輿を担ぐ。その若厄年の人数が足りなければ青年団（日露戦争後公民教育を目的に、全国の町村単位に結成されたもの。若者組の機能を一部継承）のメンバーが応援にくることになっている。このほか青年団は柱松明の準備をしたり、お旅所の張りボテの鳥居をつくるなどの役を分担している。しかし、前述したように神輿担ぎ・お道具持ちなどの重要な役割は、若厄年、老厄年といった同齢（同輩）集団が担っている。さらにはエビ・タイ・タケキリコなどが20歳前後のツレによってつくられ、担ぎ出されているのである。

　キリコはオウコ（担い棒）や枠を漆塗り、切籠部分は布張りであるが、エビ・タイ・タケキリコはタケを骨組みにして紙を貼ってつ

くった張りボテのものである。鮮やかな彩色を施し、警笛を鳴らしながら神輿やキリコの間をぬって勢いよくツレが担ぎ回る。あぶなっかしいが、見ていてほほえましい。通例では高校1、2年生がエビを担当し、高校2、3年生がタイを、高校を卒業して20歳までの青年がタケキリコを受け持つといった役割分担がおおまかになされている。そうして同じツレが同じ物を2年程続けて作成し、次の代にバトンタッチされてゆく。構成員は十数名で、小学校のころからツレ同士で遊ぶようになり、友好を培ってゆく。リーダーには裕福で口達者な者がなる。自費で材料を購入し、自分たちでタケキリコなどをつくり、楽しみながら担ぎ回る。ふだんは気の合った者が数人集まっておしゃべりするようなことがあるものの、高校卒業後は仕事・学業の関係で半数近くは他出してしまい、全員が集まるのは大祭と盆以外にはなくなる。一方の町内キリコは大人の助力を得て子どもたちが担ぐが、子どもの集団は存在しない。

　ここでは各地に展開する多彩な祭祀のうち一例を紹介したにすぎ

写真5-2　タイのタケキリコを担ぎ回って休むツレ（石川県輪島市）

ないが、大都市の有名大社の祭祀が巨大化する一方、町や村のそれは地域社会の弱体化とともに簡略化、衰退傾向が否めない。

引用文献

内田忠賢　2000年「マチ」福田アジオほか編『日本民俗大辞典』下巻、吉川弘文館、571頁

京都大学工学部建築学教室建築史研究室編　1975年『祇園祭山鉾町会所建築の調査報告』

原田敏明　1972年『宗教と社会』東海大学出版会

福田アジオ　1982年『日本村落の民俗的構造』弘文堂

福田アジオ　1983年「性と年齢の秩序」福田アジオ・宮田登編『日本民俗学概論』吉川弘文館、101-111頁

松崎憲三　1989年「この世」鳥越皓之編『民俗学を学ぶ人のために』世界思想社、189-209頁

明治大学工学部建築学科神代研究室編　1977年『日本のコミュニティ』鹿島出版会

参考文献

赤田光男ほか編　1997年『社会の民俗』(講座日本の民俗学3) 雄山閣出版

倉石忠彦　1997年『民俗都市の人びと』吉川弘文館

鳥越皓之　1985年『家と村の社会学』世界思想社

松崎憲三編　2002年『同郷者集団の民俗学的研究』岩田書院

6 若者と一人前

岩田 重則

「クロツチにするぞ」 山梨県東山梨郡の山村の江戸時代のことであるという。石和の代官所から犯罪者捕縛の廻状がまわったらしい。たまたまこの集落を通りかかった浪人が人違いで殺された。それはだまし討ちで残虐きわまりないものだった。ある家に招き入れられた浪人が囲炉裏のそばで休息しているところに、上からぐつぐつ煮立った粟のお粥をかけられ全身大やけどを負った。当時の家屋は天井がなく梁がむき出しになっているのでその梁にのぼった村人がかけたという。

浪人は即死したわけではなかった。便所の糞尿の中に飛び込み、身体を冷やし、さらに、川に入り冷やし、家並みがとぎれたあたりまで逃げ息絶えたという。死を目前にしてこの浪人は呪詛の言葉を残した。「クロツチにするぞ」。遺体は集落から峠を越えた場所まで運ばれ埋められた。「クロツチ」とは「黒土」のことであり、この集落の人々はこれを火事と解釈している。焦土は「クロツチ」になることからの連想のようである。

この伝説（実話と伝説が交錯している可能性が高い）をこそこそ語ってくれたのは 1918（大正 8）年生まれの男性である。なぜならば、「わ

たしが覚えているだけでも首謀者の家々は5回火事になっている」。また、浪人殺しの首謀者のうちの1軒について、「わたしが若者のころこの家に美しい娘がいた。気がふれてしまい、夜便所に入って首だけ出していたり、寒いなか冷たい水に漬かっていたりして、やがて死んでしまった」からであるという。

集落の火事や美しい娘の不幸な話が、殺された浪人の祟りとして解釈され語られているのである。

ところで、この男性は噂話としてではなく、夜間に異常な行動をとったこの美しい娘の姿を実際何度も見ているのだという。「わざわざ見に行ったのですか？」と質問したところ、いや違うと次のような答がかえってきた。「そのころの若者はオチャヨバレ（お茶呼ばれ）といって、夜になるとほうぼうを歩いて娘がいる家へ行くので、私と同年輩の男は、この美しい娘の様子をみんな見ている」。

オチャヨバレ

それではオチャヨバレとはどのようなものだろう。この男性は次のように語ってくれた。

15歳のときにはじめてオチャヨバレに出ていった。この集落内だけではなく、峠道を越えて他の集落へもオチャヨバレに行った。私のころにはヨバイということはなかったが、私よりもすこし上の世代では子どもがいて子どもをおいて嫁に行くなどという娘もいた。オチャヨバレは1人ではなく3人とか5人とかで行った。そのころはワカイシュ（若い衆）がオチャヨバレに来んような娘ではいい縁談などなかった。ただ、オチャヨバレはお茶をご馳走になりそこで世間話をするくらいなので、特にそれでどうということはなかった。娘と仲良くなることもあったが、それは盆

踊のときの方が多く、このあたりはほうぼうの集落でドッコイショ節というのを唄い踊るので、そこへ出かけて行き仲良くなった。

この男性の話から判断すると、15歳になると若者は性的に一人前に成熟したと認められ、娘と関係を持つことがムラの中で暗黙の了解とされていたことがわかる。

赤　　線　　同じ山梨県東山梨郡の山村ではあるが、異なる集落での男性の話である。1935（昭和10）年生まれのこの男性は新制中学卒業後、新制高校に入学するが、家庭の事情で退学した。その後、農業・林業などに従事しつつ次のようなオチャヨバレの体験をしている。アジア太平洋戦争敗戦後の1950年代のことである。

「オチャヨバレに行かざぁやぁー」などといって夜になると娘のいる家へオチャヨバレに行った。1人で行くことは少なく2～3人で行くことが多かった。そのころはどの家でも娘がいて3～4人いた家もあった。オチャヨバレにいって娘が4人並ぶとなかなか壮観だった。オチャヨバレで恋仲になった衆もあったが、「あのうちは社会党だから」とか「あのうちはうちよりカミ（上）だから」などといって家から反対されることが多かった。「コロババサト（転ばば里）」といって嫁に行くにはシモ（下）の方へ行った方がよいと思われていた。私は馬方をやっていたので、伐採あとの植林場所にズリビキで苗を運ぶ仕事もやった。私の集落のあたりの山では、峠を越えた別の集落の娘たちが苗を植える仕事をしていた。そこにいい娘がいたので、峠を越えてオチャヨバレに行ったものであった。行けば1軒ではなく一晩に2軒、3軒とま

わってきたもので、ほかの集落にも「いい娘がいる」と聞けば、「行ってみざぁ」「どうずらか」といった具合でオチャヨバレに出かけて行った。

この男性はこのようにしてオチャヨバレに近隣の集落を歩くとともに、甲府市街地の「赤線」(売春防止法施行以前の買売春公認地域)にも出かけていったという。「当時はまだ赤線があったので、峠道を越えて甲府市の北側から入る方向で赤線に行った。晩に行けばその夜のうちには帰ってきていた」。この地域で、甲府市街地に行くためにかつては通った最後の集落でも、若者がこの集落を経由して甲府市街地まで遊びに行ったものであるという話を聞くことができたので、若者の赤線通いはこの男性ばかりではなかったことだろう。オチャヨバレでムラの娘のもとへ夜遊びに出かける一方で買春を行う、そのような若者たちが存在していたのである。

どうやら、オチャヨバレをする若者にとって、娘に対する夜遊びとしてのオチャヨバレと婚姻(一般的には「結婚」という言葉が使われるがここでは学術用語として「婚姻」を使用する)は別物であったようである。赤線での買春がオチャヨバレと同列に置かれ、一方で、婚姻は当事者本人ではなく家の問題として捉えられている。若者と娘をめぐる性は、婚姻とは異なるカテゴリーに属する民俗事象であった可能性が高い。

性と婚姻の民俗研究史

若者の性をめぐる民俗事象を最初に紹介してみた。ありきたりにいえば、ムラにおける男女のつき合いの話だが、興味本位からそうしたわけではなく、日本の民俗学における若者研究では、そうしなければならない理由があるからである。それは、民俗学の若者研究が性さらには婚姻の民俗研究として

はじめられ、その後の研究がそうした方向で行われることが決定づけられていたという経緯があるからであった。研究テーマの基本的視点は、こうした初発の研究方向によって無意識的に決定されてしまうことが多い。

　若者研究の場合、中山太郎の『土俗私考』(1926)・『日本婚姻史』(1928)・『日本若者史』(1930)、および、柳田国男の「聟入考」(1929)と『明治大正史　世相篇』(1931)の第8章「恋愛技術の消長」、さらには「聟入考」を含め他の関連する論考を所収した『婚姻の話』(1948)などが、それをかたちづくった。儀礼を含め若者の性それ自体を重視する中山と、若者の性を「恋愛」と認識しそれを婚姻と直接的に連続させて捉える柳田とで、比重の違いはあるが、いずれにせよ両者ともに若者の性を婚姻との関係において研究しようとしている。また、家格に留意した有賀喜左衛門の「若者仲間と婚姻」(1935)、若者宿の重要性に着目する大間知篤三の「日本結婚風俗史」(1937)も、婚姻との関連を重視するという意味では同様であった。なお、この時期は文献史学においても婚姻史研究が展開されはじめ、高群逸枝『母系制の研究』(1938)・『招婿婚の研究』(1953)など、日本婚姻史の原初的形態を婿取りとするか、それとも嫁取りとするか、現在までの婚姻史研究の根幹を貫く課題が設定されるようになっている。そして、このように性と婚姻との連続性において若者研究が展開されてきた中には、あたかも暗黙の前提であるかのような一つの共通する特徴があった。それを一言でいえば、自由恋愛・婚姻自己決定論とでもいうべき学説であり、かつてのムラには若者と娘との間に自由恋愛が存在し、それを経て彼らが婚姻を決定していたという理解であった。

性と婚姻の分離　現在でも一般的にあるいは教科書的にはこうした自由恋愛・婚姻自己決定論が通説として通用しているが、果たしてこの学説が綿密に論証されてきたかというと必ずしもそうとはいえない。少しでもこうした課題に関連するフィールドワークを行うと気がつくことであるが、婚姻の決定は家(両親)によっており、それが必ずしもいわゆる明治民法下の家制度によるものではなく、むしろ典型的民俗事象として存在してきており、また、若者と娘との間の性が婚姻を前提としていない場合がほとんどである。現実のフィールドワークの中から、研究の初発において所与の前提として設定された固定観念とでもいうべき学説を自覚的に把握し批判的に継承することが重要であるといえよう。

若者研究についていえば、こうした固定観念を解体させる起点をつくったのは赤松啓介の「村落共同体と性的規範」(1980-1981)・『非常民の民俗文化』(1986)であった。その中では、若者と娘をめぐる性を性自体で論じ婚姻とは分離している。しかも、赤松の議論の卓抜な点は、性と婚姻とを分離した上で、性的成熟をもってして一人前の第1の要件としている点であった。民俗学の一般的議論では、性的成熟と社会的成熟の二つを一人前の基準として設定してきているが、両者の統一的把握はなされていない。それに対して、赤松は第1に性的成熟をもってして若者であり娘になるという視点から一人前を論じている。

赤松の学説は重要であろう。一人前の若者になることとは、つまるところ性的成熟がムラにおいて認知されることにあった。そして、それは必ずしも直接的に婚姻に連続していない。婚姻への前提条件の一つにすぎないといってよいだろう。最初に挙げた山梨県東山梨郡の山村のオチャヨバレの話も、婚姻とは直接的な連続性を持たな

いこうした若者と娘の性的成熟を物語る民俗事象であった。

村の性の外側　それではすべての若者がこうしたムラの性、民俗事象の継承者であったのであろうか。たとえ村落社会で育ったにせよ、そうではない若者もいた。よく知られている宮本常一『忘れられた日本人』(1960)に所収された「土佐源氏」、幕末ごろに誕生し宮本の採訪時 (1940)、土佐梼原で乞食をしていたという老人からの聞き書きで全編が構成されたこの物語は、ムラで生きる女とそこから逸脱し生きる男との相姦の物語でもある。「土佐源氏」は母親がヨバイに来た男の種をみごもって誕生した。祖父母のもとで子守娘と遊びながら育ち、やがて博労として漂泊しながら次から次へと女を「かまって」生きた。下記はこの「土佐源氏」の述懐である。

　わしらみたいに村の中にきまった家のないものは、若衆仲間にもはいれん。若衆仲間にはいっておらんと夜這いにもいけん。夜這いにいったことがわかりでもしようものなら、若衆に足腰たたんまで打ちすえられる。そりゃ厳重なもんじゃった。じゃからわしは子供の時に子守りらとよく××したことはあったが、大人になって娘とねたことはない。わしのねたのは大方後家じゃった。一人身の後家なら表だって誰も文句をいうものはない（宮本 [1960:118]）。

また、被差別部落の若者がふつうのムラの娘と性的関係を持つことも忌避されていた。長野県の被差別部落の人たちからの聞き書きによって構成された柴田道子『被差別部落の伝承と生活』(1972)に、明治初年のことと思われる次のような物語がある。

人外の人、村外の村として差別されていた部落民は、盆踊りの喜びさえも自分のものにできなかった。部落の若者は、危険をおかさなければシャバの楽しみを味わえなかった。夜になってから、村の盆踊りに忍び込む。娘たちは美しく着かざって化粧をこらし、手拭でほっかぶりをする。どこの者かわからぬように仮装して輪の中にまぎれ込むのだ。みつけられれば、「S村（部落）が来ているぞ！」とさわがれ、つまみ出され、必ず暴力沙汰になるのだった。一人がバレると、みつからない者も、逃げ出してくる。つかの間の楽しみを味わうのに命がけであった（柴田［1972：46-47］）。

　ムラにおける性の民俗事象、若者が一人前になることは、そうではない、そこから疎外された人たちとの相対的関係において成立していた。ムラの若者となることができない、そのために、そこでの性の民俗事象を継承できない若者が一方で存在していたのである。民俗事象とは、このようにそれの伝承母体から疎外・逸脱された非民俗事象との相対的関係において継承されているにすぎない。そして、こうした民俗事象にジェンダー（社会的に形式された性差）が存在することも確実であり、たとえば、若者の性に限っても、若者と娘との間の性は必ずしも対等ではなく、前者が後者に対して優越的であった（岩田［1996a］）。

若者仲間　　ムラの若者はこうして性的条件を中心に、一人前として認められていた。ムラによって若干の差異はあるものの、その年齢は15歳がふつうであり、そして、こうした若者は、たとえば、最初に紹介した山梨県東山梨郡の男性がオチャヨバレという夜遊びに単独ではなく複数で出かけていたように、仲間で行動していた。気の合ったほぼ同年齢の若者が仲間をつくり

行動をともにしている。厳密な秩序あるいは規約などを持つ定型的な組織ではないが、こうした若者の遊び仲間のような同齢集団を、日本の民俗学では「若者仲間」という用語で表している。これは、瀬川清子「年令構成からみた若者組」(1966) が、あとで触れる厳密な組織と年齢秩序を持つ「若者組」と区別する必要から、その実態を整理することにより提案したものであった。

そして、この若者仲間の最大の特徴は、ムラの中の家の一室・別棟などを借りそこを泊まり宿とし、結婚するまでの間そこで起居をともにする寝宿の民俗事象を伴うことであった。たとえば、1938 (昭和13) 年、愛知県知多郡南知多町日間賀島で若者の民俗調査を行った瀬川は、若者の寝宿について、1人の老人の語りを次のように記している。

若い衆仲間に入ると同じ頃から、トマリコになつて、五人・七人ネドコ（寝宿）にとまる。(中略) ネドコの宿親には、何の権威もないが、日頃の厄介に対して、盆・正月と十月の薬師さんには、一人一人で手土産とか手拭を持つて行き、何かあると手伝に行く。ネドコは、親の前では出来ない娘かせぎをするに都合のよい所で、親も必ず娘を盗ませるし、こちとらも必ず盗む。嫁を貰へばネドコをぬける（瀬川 [1951：55-56]）。

若者仲間が寝宿をベースキャンプとして、娘との性的関係を持とうとしていたのである。

さらに老人は語る。

若者仲間の買春

「わしらのヒトナル時とちがつて、今は女ごにかまはぬのは、かせぎ場がちがつて、師崎あたりの商売女が多い

せいだ」。

　師崎は知多半島先端の町、現在の南知多町の中心地である。瀬川採訪時1938年の寝宿の若者は、ムラの娘を追っかけるのではなく、町に出かけての買春にはしっている。ムラの若者と娘をめぐる性が、ムラの外での若者の買春に移行しているのである。

　一方で娘について、老人は「娘には初褌と云ふ事もなく、仲間入と云ふものもなかつた。気づいた時、集つてする位でネドコもなかつた」という（瀬川［1951：56］）。娘については、成人儀礼もなければ寝宿も「娘仲間」とでもいうべき集団もないというのである。

　寝宿に起居する若者仲間の買春の例をもう一つ挙げてみよう。静岡県賀茂郡のある漁村で、アジア太平洋戦争後に若者時代をすごした1931（昭和6）年生まれの男性の語りである。

　同級生仲間で同じ宿を頼んだ。夜になると、オンナシュウ（女衆）が集まり編み物・裁縫をしているところを冷やかしにいったり、宿では漁具作り、碁・将棋・花札などもした。あるとき、上の若者が「ええところへつれて行く」とかいって、はじめてパンパン屋につれて行かれた。そのあと「ええところへ行ってきた」と宿の仲間にいって、こんどは仲間でいった。漁師として船に乗り、それでもらうホネオリ（骨折）のお金を使ってパンパン屋に行った。おもしろ半分に行くので、わりあいに生娘には手を出さなかった。

「パンパン」というと、一般的には、アジア太平洋戦争後のアメリカ軍人相手の「売春」女性として認識されているが、日本人男性相手の場合でも「パンパン」という呼ばれ方をすることがあったよ

うである。

　このように、寝宿の若者仲間がムラの娘との性的関係を求める一方で、買春をするようになっていること、これをどのように理解すればよいのだろう。ごく単純にいえば、ムラにおける若者と娘との間の性は対等ではなく、若者が上位にあり娘がそれに従属する形態であったがゆえに、ムラの若者の性は買春に移行しやすかったものと考えられる。

若者と娘のジェンダー　　民俗学では一般的に、ムラの若者と娘との性は、そこに自由恋愛が存在し、あたかも両者が平等であったかのように認識されている。また、『明治大正史　世相篇』(1931) 第 8 章「恋愛技術の消長」で柳田民俗学が説いた自由恋愛・婚姻自己決定論とでもいうべき議論の影響であろうか、他の人文科学でもそうした認識が通用しており、必ずしも論証されているわけではない固定観念がいまだ根強い。しかし、少なくとも、ムラの若者の買春の問題を視野に入れたとき、こうした固定観念で理解できない要素は多い。また、これも『明治大正史　世相篇』(1931) 第 8 章「恋愛技術の消長」の影響であろう、若者仲間と対等な娘仲間がかつてのムラには存在していたかのような固定観念があるが、たとえば、ここで紹介した愛知県日間賀島でも静岡県賀茂郡の漁村でも若者仲間の民俗事象は伝承されていたが娘仲間のそれはなかった。瀬川の若者研究の集大成『若者と娘をめぐる民俗』(1972) に「付」として整理された労作「各地域の概観」をみても、娘仲間の民俗事象はほとんど報告されておらず、娘の集団としてはたとえば北陸地方の苧うみ宿のように夜なべ集会とでもいうべき形態をとっている。娘たちの労働のための夜なべ集会を娘仲間として、また、娘宿として誤解してきたにすぎないのではないか（民

俗学では「娘組」という用語で呼んできたが実態に対して誤解があると思われるのでここではこの用語を使用しない)。

明らかにムラの若者と娘との間にはジェンダーが存在した。性的にも若者が優位におり、また、組織的にも若者仲間は寝宿などの形態で発達しつつも、娘仲間は未発達であった。こうした民俗事象の伝承におけるジェンダーへの着眼、その実態の解明も今後に残された課題であるといえよう。

若者組織の地域差　これまで紹介してきた若者仲間、同年輩の若者が数人規模で仲間をつくり夜遊びなどをする民俗事象は、若干の濃淡はあれ全国的に分布している。しかし、寝宿を伴うものは南関東・中部地方から西日本の海岸部に多く、内陸部では比較的少ない。

また、こうした若者仲間が発達していない地域もある。たとえば、有賀によって報告された岩手県二戸郡安代町石神(有賀[1939])、江馬三枝子によって報告された飛騨白川村(江馬[1943])など、それぞれ具体的存在形態は異なりながらも大家族制が発達していた地域では、若者仲間の存在が稀薄である。さらには、東北地方日本海側ではワカゼ(若勢)と呼ばれる住み込みの若者奉公人が存在し、若者仲間に類似する行動を取ることも多かったが、ワカゼは基本的には労働力としての奉公人であり、他の地域の若者仲間とはその性質が異なるものであった。これまでの民俗学の概説書などでは、若者仲間が全国一律に存在していたかのような叙述がなされてきたが、地域差が激しかったことも注意されなければならない(岩田[1997])。

若者組の秩序　こうした若者仲間とは異なり、関東地方・中部地方を中心として厳格な年齢秩序と組織を持つ

「若者組」とでもいうべき若者組織が存在してきた。たとえば、静岡県賀茂郡南伊豆町南崎地区では、15歳になると若者は親分につれられてワカイシュウグミ（若い衆組）に入った。同時に加入した同年の若者をツレ（連れ）といった。加入して15歳から18歳ごろまではコワカイシュウ（小若い衆）で1年目は見習い、2年目は働き使われ、3年目にワカイシュウになり、ここまではシャツ・足袋をつけることが許されなかった。18、19歳から22、23歳までが中堅でナカドオリ（中通り）と呼ばれた。25歳から27歳までがコサン（古参）でこのツレの中の1名がコサンガシラ（古参頭）としてナカドオリを統率した。28歳から30歳すぎまでは役がないのでグズリ組といい、34歳になると脱退して宿老になった。そして、この南崎のワカイシュウグミではこうした年齢秩序のもとに、厳格なしつけ、年長者への敬意、揚げ船への助力、性的放縦の取り締まりなどが行われ、これらに違反した若者に対しては「吟味」の上、ハチブ（八分）などの制裁が実行されていた（瀬川［1972：461-464］）。若者仲間が時には逸脱する場合があるにせよ、性的行動の担い手であったこととは異なり、若者組はむしろそうした行動に対して制約を加える組織でもあった。しかし、それによって一人一人の若者はその地域社会で生活していくための秩序を身につけ、社会的に一人前になっていった。

　若者組とは、実際のムラに伝承された民俗語彙ではなく、柳田民俗学の『明治大正史　世相篇』(1931) 第8章「恋愛技術の消長」以来、綿密な検討を経ないまま一般化されてきた用語であったが、現在では、福田アジオ「若者組の諸類型と『家』の構造」(1972)・「性と年齢の秩序」(1983) が、同齢仲間としての若者仲間とは区別しつつ、厳格な組織を維持しムラの警防・祭りなどにしたがう若者組織

を若者組として整理したことにより、その民俗事象の内容と用語とが対応するようになっている。また、こうした用語使用の整理には、「年齢階梯制」概念の導入によってムラの年齢集団を把握しようとした民族学の影響もあった。特に、『日本民俗学大系』全13巻（1958-1960、平凡社）において、日本民族＝文化の複合性を主張する岡正雄「日本文化の基礎構造」（第2巻、1958）、親族・同族組織との関係性の中で「年齢階梯制」を捉えようとする蒲生正男「親族」（第3巻、1958）など、民族学の優れた村落構造論が、民俗学の若者組織研究の進展に大きく寄与していた。そして、関敬吾が「年齢集団」（第3巻、1958）の中で若者組の多様な機能を整理することにより、それまでの性と婚姻にのみ傾斜した若者研究を、村落構造研究の中へと押し出していた。福田によって整理された若者組の組織と機能は、こうした研究史上の延長線上に存在していたといえよう。

若者組の歴史性 若者組は近世後期・幕末以降、絶対年代でいえば18世紀からその存在を認めることができる、いわば、近代社会形成過程において成立してきた組織であると考えてよい。そのために、若者組の特徴の一つとして、多くの若者組が「若者条目」と呼ばれる規約を持ち、それによってその組織を維持してきた。「若者条目」については大日本聯合青年団編『若者制度の研究』(1936)・静岡県編『静岡県史　資料編23』(1988)に収集・整理されているが、その内容をみてみると、年長者への挨拶・礼儀作法の遵守・法度（法令）の遵守・性的放縦の禁止・賭博の禁止などを成文化したものであり、逸脱しがちな若者の行動を規制し幕藩体制の秩序に組み込もうとする内容を持っている。そして、この「若者条目」において注目すべきことは、その条文が年長者によって定期的にあるいは不定期に「読み聞かせ」られていたことで

現代の成人式　　　COLUMN 6

　1月15日に「成人の日」が固定されていたころの話である。1月15日はラグビー日本選手権が東京の国立競技場で行われる日でもあった。社会人ラグビー優勝チームと大学選手権優勝チームが対戦し、その勝者が日本選手権の覇者となった。ほぼ満員に埋め尽くされた観客席には、スーツ姿の若者や振り袖の娘の姿が目立ち風物詩でもあった。しかしそれも、「成人の日」の日取りが固定されなくなったころ、日本選手権の方式にも変更が行われ、消えてしまった。

　あれは何年のことだったろう。1977（昭和52）年か翌年だったと思う。新日鉄釜石にとっては7連覇以前、いまだ社会人ラグビーと大学ラグビーの実力が拮抗していた時代のことである。社会人日本一は新日鉄釜石、大学日本一は早稲田だった。アカクロの早稲田はウイング藤原・スタンドオフ星野をはじめとするスター集団、深紅の新日鉄釜石は高卒が大半をしめた。深紅の「北の鉄人」の勝利であった。その日本一となった深紅の男たちの中に、1人中卒のラガーマンが混じっていた。メンバー表の氏名のあとにカッコ書きで「〇〇中学校」とあった。わが目を疑ったが間違いなかった。この中卒のラガーマンは中卒後新日鉄釜石に入社し楕円形のボールをはじめて手にしたに違いない。そして日本一にかがやいた。

　斜陽期の製鉄産業、不振の北方漁業、その中での最後のかがやきがあの新日鉄釜石の中卒のラガーマンだった。「成人の日」の国立競技場から大漁旗が消えて久しい。同時に素朴な何かが消えてしまったような気がしてならない。

　そして、「成人の日」が1月15日に固定されなくなったころからである。成人式会場で乱暴をはたらく晴れ着の若者の姿が報道されるようになった。かつては想像さえできなかった現象である。一方で、「成人の日」の晴れ着の華やかさは以前にも増して劣ることはない。このような現状をみたとき、これからの「成人の日」はどのような変遷をたどるのであろうか。それが、楽しみでもあり、どこか不安でもある。

あり、それによってそこから逸脱する行動をとった若者に対してハチブなどの制裁が実行されていたことであった。若者組とは、明らかに村落秩序を制度的に維持するための組織であった。

そして、この若者組は、若者組が発達していた地域では明治期以降それが青年会・青年団として再編成されていくという経過を、若者組が存在していなかった地域では青年会・青年団は新たに組織されるという経過をたどった。その大きな画期となったのは日露戦後の地方改良運動における旧内務省・旧文部省の指導であったが、その後軍事的協力をも行うようになり、アジア太平洋戦争後1950年代には民主的な村落社会を活気づける一組織ともなった（岩田［1996a、1996b］）。

一　人　前　若者になることとは大きく二つの意味があったといえよう。

一つは性的な一人前である。もう一つは社会的なそれである。前者は後者に対して相剋をきたすこともあり、また、後者は前者を掣肘することもある。かつて、日本列島に若者仲間や若者組が数多く存在していた時代、それらが有効に機能していたかどうかは別問題である。ともかくも、民俗事象として、日本列島の社会は、若者を性的にまた社会的に一人前にするための、一応のシステムを持っていたこと、そうした事実を確認しておきたいと思う。

引用文献

赤松啓介　1980-1981年「村落共同体と性的規範」（『どるめん』第26号〜第28号。2003年『赤松啓介民俗学選集』第4巻、明石書店所収）

赤松啓介　1986年『非常民の民俗文化』明石書店（同上所収）

有賀喜左衛門　1935年「若者仲間と婚姻」『社会経済史学』第4巻第

11号・第12号、第5巻第1号・第2号。(のち1948年『日本婚姻史論』日光書院所収。1968年『婚姻・労働・若者』〔『有賀喜左衛門著作集』第Ⅵ巻〕未来社所収)

有賀喜左衛門　1939年『南部二戸郡石神村に於ける大家族制度と名子制度』アチックミューゼアム (1967年『有賀喜左衛門著作集』第Ⅲ巻、未来社所収)

岩田重則　1996 a 年『ムラの若者・くにの若者』未来社

岩田重則　1996 b 年「若者と国家」佐野賢治ほか編『現代民俗学入門』吉川弘文館、256-264頁

岩田重則　1997年「年齢秩序と年齢集団」福田アジオ・赤田光男編『社会の民俗』(講座日本の民俗学3)、雄山閣出版、139-154頁

江馬三枝子　1943年『飛騨白川村』三国書房 (1975年『飛騨白川村』未来社所収)

大間知篤三　1937年「日本結婚風俗史」穂積重遠・中川善之助責任編輯『婚姻』(『家族制度全集』史論篇Ⅰ) 河出書房所収。(のち1967年『婚姻の民俗学』岩崎美術社所収。1975年『婚姻の民俗』〔『大間知篤三著作集』第2巻〕未来社所収)

岡正雄　1958年「日本文化の基礎構造」大間知篤三ほか編集委員『日本民俗学の歴史と課題』(日本民俗学大系第2巻) 平凡社。1979年『異人その他』言叢社所収

蒲生正男　1958年「親族」大間知篤三ほか編集委員『社会と民俗』(日本民俗学大系第3巻) 平凡社

静岡県編　1988年『静岡県史　資料編23』静岡県

柴田道子　1972年『被差別部落の伝承と生活』三一書房

瀬川清子　1951年『日間賀島民俗誌』刀江書院

瀬川清子　1966年「年令構成からみた若者組」『日本民俗学会報』第48号、日本民俗学会

瀬川清子　1972年『若者と娘をめぐる民俗』未来社

関敬吾　1958年「年齢集団」大間知篤三ほか編集委員『社会と民俗』(日本民俗学大系第3巻) 平凡社

大日本聯合青年団編　1936年『若者制度の研究』日本青年館

高群逸枝　1938年『母系制の研究』厚生閣 (高群逸枝著、橋本憲三編

1966 年『高群逸枝全集』第 1 巻、理論社所収）
高群逸枝　1953 年『招婿婚の研究』講談社（高群逸枝著、橋本憲三編 1966 年『高群逸枝全集』第 2 巻・第 3 巻、理論社所収）
中山太郎　1926 年『土俗私考』坂本書店
中山太郎　1928 年『日本婚姻史』春陽堂
中山太郎　1930 年『日本若者史』春陽堂
福田アジオ　1972 年「若者組の諸類型と『家』の構造」（茨城県史編集委員会　1972 年『茨城県史研究』第 24 巻。のち「若者組の諸類型」と改題され 1989 年『時間の民俗学・空間の民俗学』木耳社所収）
福田アジオ　1983 年「性と年齢の秩序」（福田アジオ・宮田登編『日本民俗学概論』吉川弘文館。のち「性と年齢の集団構成」と改題され 1989 年『時間の民俗学・空間の民俗学』木耳社所収）
宮本常一　1960 年『忘れられた日本人』未来社（宮本常一著作集第 10 巻、未来社所収）
柳田国男　1929 年「聟入考」（大塚史学會編『三宅博士古稀祝賀記念論文集』岡書院。のち 1948 年『婚姻の話』岩波書店所収）
柳田国男　1931 年『明治大正史　世相篇』朝日新聞社（1998 年、柳田國男全集第 5 巻、筑摩書房所収）
柳田国男　1948 年『婚姻の話』岩波書店（1999 年、柳田國男全集第 17 巻、筑摩書房）

参 考 文 献

岩田重則　1996 年『ムラの若者・くにの若者』未来社
瀬川清子　1972 年『若者と娘をめぐる民俗』未来社
中山太郎　1930 年『日本若者史』春陽堂
福田アジオ　1983 年「性と年齢の秩序」（福田アジオ・宮田登編『日本民俗学概論』吉川弘文館。のち「性と年齢の集団構成」と改題され 1989 年『時間の民俗学・空間の民俗学』木耳社所収）
柳田国男　1948 年『婚姻の話』岩波書店（1999 年、柳田國男全集第 17 巻、筑摩書房）

7 婚姻と出産・子育ての民俗

猿渡 土貴

多様化の時代に　高度経済成長期（1960年代）以降、日本人の人生のあり方は大きく変化し、婚姻・出産・子育てに関する状況や意識は、多様化・個別化しつつある。同様に、儀礼を行う母体が地域や「家」を基盤とするものから個人や家族へと移行することによって、婚姻・出産・子育てに関する儀礼もまた、かつての意味づけを失い、社会的な儀礼から、個人的なイベントあるいは記念日のようなものに変化し、消費の対象となる傾向にある。

しかしながら、かつて当たり前であった結婚し子どもを産み育てることは、「晩婚化」「非婚化」や「少子化」の問題が示すように、自由と便利さを享受する現代の私たちの生活の中にあって、もはや「当たり前」とはいえない状況にある。私たちは、便利さや自由と引き換えになにを失ってきたのだろうか。そこで本章では、儀礼を中心に、日本における結婚・出産・子育てに関する習俗の変化を概観してみたい。

伝統的な婚姻のかたち　かつての日本の社会では、結婚して子どもを産み育てることが至極当然のこととされており、男女とも、結婚して子どもを持ってこそ真に一人

前の大人として扱われていた。しかし、男女が結ばれる婚姻のかたちは、地域によってさまざまで、決して一様ではなかった。民俗学では柳田国男の「聟入考」をはじめとする一連の研究以降（柳田［1948］）、地域ごとに多様さをみせる日本の婚姻形態を、主に婚姻成立の儀礼が行われる場所と新婚者の住まい（婚舎）の所在を基準に類型化し、そこから日本の婚姻史の解明を試みてきた。今日の婚姻研究においてさまざまな批判があるものの（たとえば新谷［1995：146-148］など）、それらは大きく、「婿入り婚」「足入れ婚」「嫁入り婚」という3類型として一般に理解されている。歴史的には「婿入り婚」から「嫁入り婚」へと変遷してきたとする柳田の説が通説となっており、「足入れ婚」は、両者の中間にあたる過渡的な形態として位置づけられている（大間知［1967］）。以下に、それぞれの形態についてみてみよう。

まず、「婿入り婚」というのは、「初婿入り」と呼ばれる、婿が嫁の家を正式に訪問して嫁の両親と親子盃を交わす儀礼で婚姻が成立し、その後一定の「妻問い」期間を経て、夫婦揃って婿方に引き移る形態の結婚をいう。これと似たかたちが「足入れ婚」である。足入れ婚は、主に伊豆諸島でみられた形態であるが、嫁が婿方へ正式に挨拶する儀礼（伊豆諸島では「アシイレ」と呼ばれた）から結婚が始まる点が、「婿入り婚」とは異なっている。そして、「婿入り婚」「足入れ婚」はともに、婿が毎夜嫁の家に通って寝泊りする「妻問い」を伴うので、両者は総称して「妻問い婚」とも呼ばれている。「妻問い婚」には、一時的なものと、終生妻問いを続けるものとがあるが、後者の事例は日本においてはまれである。

「妻問い婚」の特徴としては、妻問いを可能とさせる「村内婚」が前提となること。若者組の管理のもと、ヨバイやアソビといった

村落内の若い男女の交際から発展する場合が多く、結婚に際しては当人同士の意思が尊重されること。夫方への引き移りが、妻が主婦となる条件が整ったとき（夫の親が隠居するなど）に行われること。親夫婦と子ども夫婦が同居しないので、嫁姑間の葛藤があらかじめ回避されていること、などが挙げられよう。

一方「嫁入り婚」は、婿方への「嫁入り」の儀礼をもって婚姻が成立し、最初から夫婦の生活の拠点が婿方に置かれる形態をいう。歴史的には鎌倉中期以降の武家社会における遠方婚に由来するものであり、やがていわゆる「家」制度の普及によって庶民にも広まり、近世以降の代表的な婚姻形態として定着したと考えられている。

嫁入り婚の特徴としては、身分や家の格式が重視される家父長制の考えに基づき、家格の見合った家同士で縁組する必要から、「村外婚」の形式がとられることが多く、そのため両家を取り持つ仲人への依存度が高いこと。結婚は「家と家の結合」という意識が強く、配偶者の選択に際しては本人同士の意思よりも、婿方の父親の意見が尊重される傾向が強いこと。また、婿の親夫婦と同居するために嫁姑間の葛藤が生じやすく、とりわけ長男の嫁には「家の嫁」となることが期待され、婚家の家風になじむことが求められたこと、などが挙げられる。

嫁入り婚における婚姻儀礼

次に、近年まで最も一般的であった「嫁入り婚」における婚姻儀礼をみてみよう。嫁入り婚において婚姻は、仲人による配偶者探しにはじまる。その後、見合いを経て仲人を介して双方の了解が得られると、「タルイレ」や「キメザケ」などといわれる婚約成立の儀礼（「妻問い婚」ではこれが婚姻成立の儀礼となる）が嫁の家で仲人を交えて行われ、婚礼の日取りなどが決められる。そして後日、婿方から結納の金品が届けら

れる。嫁方では、受け取った結納の額に応じた嫁入り道具や衣装を準備する。

　婚礼の当日には、婿方から仲人や婿方の親戚代表などによる嫁迎えが出される。「朝婿入り」などといって婿本人が行くこともあり、その際、嫁の両親と親子盃を交わす。これを「婿入り婚」の名残とする見方もある。これがすむと「婿逃げ」などといって婿は一足先に婿家に戻る。その後、嫁の家では、嫁方の親戚・知人を招いて出立ちの酒宴がもたれ、それが終わると、花嫁がいよいよ生家を出ることになる。この際、花嫁が使用していた茶碗を割る、門火が焚かれるなど、葬送の際の出棺の儀礼と同様の儀礼が行われる。これには、「ふたたび生家に戻ることがないように」との願いが込められている。

　その後、花嫁は仲人や親戚とともに婿家に向かう。その際、嫁入り道具を背負った人足や、地域によっては「添い嫁」と呼ばれる女性が同行することもあった。また、嫁入り行列が村に入るころ、若者たちが嫁入り行列の通過を儀礼的に妨害することも多くみられた。そして、遠方からの嫁入りの場合には、途中、仲人の家など集落内の中宿に立ち寄り、休息したり衣装を調えたり、あるいはそこで嫁の受け渡しが行われる。こうして夜になって一行は婿家に到着する。

　花嫁が婿家に入る際にも、さまざまな入家儀礼が行われた。門口に藁火が焚かれてその上を花嫁にまたがせたり、入り口で水を飲ませたり、笠を被らせたり、嫁の履いてきた草履の緒を切ったりするなど、水・火・竈・笠・草履などに関する象徴的な儀礼が多い（八木［2001：132-133］）。婿家では、まず花嫁と婿の両親の間で親子盃が交わされる。これが「嫁入り」の儀礼である。三々九度と呼ばれる夫婦盃は比較的近年に普及したといわれている。婚礼の席に新郎が

列席しないことも少なくなかった。こうして、婚礼（固めの式）がすむと、花嫁は衣装を改め、披露宴となる。まだ婿の家で婚礼が行われていた戦前では、婚家の親戚や新郎の若者仲間、手伝いをしてくれたクミの人などを順次招いての披露宴が3日間続けられることも少なくなかった。まさに、花嫁の嫁ぎ先の地域へのお披露目であったのである。披露宴がすむと、花嫁は姑に連れられて近所に挨拶にまわり、3日目に婿とともに里帰りをする。これを婿がはじめて嫁家を訪れる機会とする地域もある。

　以上が典型的な「嫁入り婚」における婚姻儀礼の大まかな流れである。「妻問い婚」にみたように、日本の婚姻は本来何段階もの儀礼を経て最終的に確定するものであり、それ相応の期間を要するものであったが、それが次第に短縮され、「嫁入り婚」の形式に近づくにつれ、ついには1日で婚姻儀礼を行う形式に変化した（八木［2001：112］）。そのため、嫁入り婚には多様な意味を持つ儀礼が集中して行われる。中でもとりわけ特徴的なのが前述した花嫁の「出立ち」と「入家」の儀礼であるが、これらについて八木透は、「これらは、花嫁にとって生家と婚家という、まさにこの世とあの世にも匹敵するような象徴的な境界を越える際の呪術的儀礼としてとらえられる」と述べる（八木［2001：134］）。角隠し・綿帽子などの被り物をまとう花嫁の姿もまた、このような境界を通過することを象徴するものであり、お色直しは再生を示している。つまり、「嫁入り婚」における婚姻儀礼は、花嫁が「生家の娘」から「婚家の嫁」へと生まれ変わったことを象徴するものであり、続く披露宴において花嫁を受け入れる婿側の地域全体でそのことを承認するという意味を持つものであった。

現代の結婚式 このようにかつての婚姻儀礼では、花嫁の帰属の変更が象徴的に表現され、地域の承認を得ることに重きが置かれていたのであるが、第2次世界大戦後の日本の社会・経済環境の変化やそれによる家族形態の変化に伴って、その在り方も大きく変わった。以下にその変化をまとめてみよう。

まず、戦後になって、伝統的な婚姻儀礼に代わり、神式（神前結婚）やキリスト教式など、宗教的な婚姻儀礼が一般化した。神式のはじまりには諸説あるが（石井［2005：169-170］）、それが普及する契機となったのは、1900（明治33）年に行われた皇太子（後の大正天皇）の御婚儀であったといわれている。

次に、婚姻儀礼や披露宴の場が家から施設へと移行した点が挙げられる。日本の伝統的な結婚式（婚姻儀礼と披露宴）は家で行われるものであり、家の構造もそれにふさわしいものであった。ところが1950年代後半（昭和30年代）ごろから婚姻儀礼および披露宴が、ホテルなどに設置された総合結婚式場などで行われるようになった。

また、披露宴の内容も画一化され、華美になった。ホテルや全国チェーンの総合結婚式場においては、食事の内容から披露宴の式次第までの一切がコースとして提示されるようになり、披露宴における新郎新婦によるキャンドルサービスやケーキ入刀、花嫁による両親への手紙といった演出が全国的に定着した。中には、劇中の主人公のように新郎新婦がゴンドラに乗って登場するなど、見せることに重きを置いた派手な演出も一時流行した。

さらに、結婚にいたる男女の出会いも、かつて一般的であった「見合い結婚」よりも「恋愛結婚」が好まれるようになり、「家同士の結びつき」より「男女の結びつき」が強調されるようになった。その結果、「仲人」の存在や「結納」も形骸化してきた。そして、

このことに呼応するように、出席者の席次も、かつては「血縁」（家族・親族）や「地縁」（居住地を中心とする社会関係）が重要視されていたが、総合結婚式場などに儀礼の場が移ると、「新郎・新婦の勤め先の上司を優先する社縁優位の序列」となり、2人の「社会的なネットワーク」が重視されはじめた（高岡［2000：148］）。

最近では、自分たちらしい手作り結婚式、家族だけあるいは2人だけの海外ウエディングや少人数でのレストランウエディングなどが人気を呼んでいる。中には、長引く不況の影響もあるのか、花嫁・花婿衣装を身につけた写真を撮って、個人的に入籍を報告するだけの、結婚式や披露宴をしないケースもみられるようになってきている。このように結婚式の個性化・多様化が進行する一方で、婚姻が必ずしも社会的承認を必要としない、個人的な問題あるいは私的な領域に属する事柄として認識されつつある今日の状況もみてとれるのである。

さらには、そうした個人の価値観や生き方が多様化する中で、婚姻そのものを個人の選択によるものとみる考え方も、20〜30歳代の若い世代（特に女性）の間に定着しつつある（江原［2004：33］）。あえて婚姻という形態をとらない「事実婚」や、未婚のまま母親になることを選択する「シングルマザー」なども少数ながらみられるようになっている。

妊娠祈願と安産祈願

結婚すると、次に期待されるのは子どもの誕生である。「家」の永続性を重視する近代以前の社会では、跡取りを産み育てることが嫁のつとめと考えられていた。「女は子どもを持って一人前」と捉えられていたのだ。そのため、妊娠することへの願いは切実であり、神仏から石・樹木などの自然物にいたるまで、子授けの力があるとされるものに

対する祈願や呪術は盛んに行われていた。「子は授かりもの」だったのである。

また、めでたく妊娠すれば、今度は「出産は棺桶に片足をつっこんでいるようなもの」といわれる当時の出産事情ゆえに、産神や、その他の神仏などに対する安産祈願が熱心に行われた。一連の生育儀礼のはじまりにあたる妊娠5カ月目の戌の日に行われる「帯祝い」も、犬（戌）の安産にあやかって安産を願う儀礼である。この日を境に妊娠は公のものとなり、産婆を頼むとともに、赤飯や餅を仲人や親戚、隣保の人々に配ることで、はじめて社会的に生まれてくる子どもの生存権を認めてもらった。そのため、帯祝いをした子どもは、間引きが横行した時代でも必ず産み育てたといわれている。また、この日から産神を祀りはじめるともいわれた。産神というのは、出産の前後を通じて妊産婦と生児を守ってくれる神のことである。その多くは通常は山の神・箒神・便所神・竈神などと呼ばれる神で、その他の神のように血を厭うことなく産みの場に来て守護してくれると考えられていた。

こうして妊婦は、妊娠中を通してよく働き、産神を祀り、さまざまな禁忌を守ることで安産になるようにつとめ、来るべき出産に備えたのである。

伝統的な出産風景　そうしていよいよ出産となると、出産のための特別な空間が用意された。普段寝室として使用する納戸などの住居の一部を臨時にこれにあてる場合と、特設の産屋（地域によっては月小屋を兼ねることもある）で出産する場合があった。古くはそこには、注連縄や御幣、御札などがはられ、天井から力綱と呼ばれる紐を下げ、妊婦の座る場所には筵の上に藁布団やボロを重ねて敷き、背後には藁束が積みあげられた（図7-1）。

7 婚姻と出産・子育ての民俗

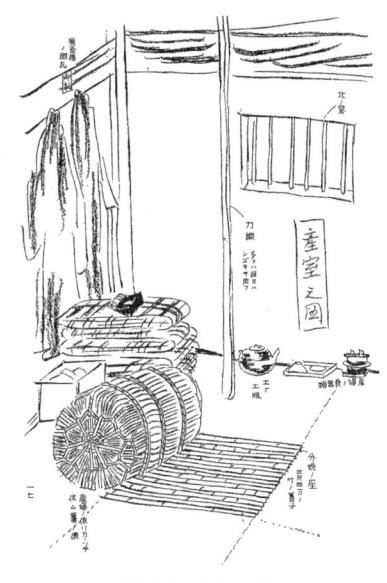

図 7-1 産室の図

出典）松下石人、1937「三州奥郡産育風俗図絵」上笙一郎編、1997『日本子どもの歴史叢書12』久山社所収

　当時、出産はケガレと考えられていたが、産屋や産室は、不安定で危険な状態にある産婦や生児が忌み籠るための施設であり、同時に、出産を見守る産神の降臨する神聖な場所でもあったのである。
　また、当時の出産の方法は、座産が一般的だった。座産は息みやすく重力の力を借りられる姿勢であり、産婦にとって産みやすい姿勢だったのである。こうした産みの姿勢からもわかるように、出産は自然な営みとして捉えられており、出産の主体は産婦本人にあった。そして、分娩後は、そのまま背後の藁束にもたれかかってすごし、毎日その藁を1束ずつ抜いてゆき、7日目（日数は地域による）にようやく仰臥することができたという。分娩後すぐに横になると、

血が足りなくなるなどと信じられていたからである。

　それから、分娩にあたっては、多くは産婦の母親や姑をはじめ、経験豊かな近隣の女性が産婆（トリアゲバアサン）となって手助けをした。また、産婆以外にも、隣保の女性たちが集まって出産を見守ることも少なくなかった。子どもの誕生は、人の死と同じく村落内部の相互扶助の機会であったのである。

　産婆は、分娩の介助をしたり、産後は母子の身のまわりの世話をしたりするほか、産神に産飯などの供物を供えるなど、忌み籠りの期間の一切を司る存在であった。単に子どもの身体を取りあげるだけでなく、その魂を異界からこの世に取りあげ定着させる存在であり、反面、時には間引きを行って、魂をあの世に押し戻す、あの世とこの世をつなぐ巫女的な役割を担う者でもあった。それゆえ産婆は、「トリアゲ親」などと呼ばれる生涯にわたる特別な親子関係（擬制的親子関係）を生児と結び、大切な存在として子どもの祝儀には必ず招かれた。

（新）産婆の登場

　しかし、明治期に産婆制度が確立し、免許を持った（新）産婆（助産婦）が普及するようになると、かつての産婆は次第にこれに取って代わられた。

　産婆制度は、1868（明治元）年、太政官布達をもって布告された「産婆取締規則」によって、産婆による売薬や堕胎の取り扱いが禁止されたことにはじまる。1874（明治7）年には、当時の文部省から「医制」が東京・大阪・京都の３府に発布され、産婆の資格、職分などが規定された。さらに、地方ごとにまちまちであった産婆の各種規則を全国的に統一する必要から、1899（明治32）年には、「産婆規則」「産婆試験規則」「産婆名簿登録規則」が制定・施行された。これにより、国は本格的な産婆養成に着手していくのである。

こうして、養成された(新)産婆は、習得した専門的な産科知識や技術によって衛生的で安全な出産を実現させたが、その中で、産みやすい座産から介助しやすい仰臥産へと産みの姿勢を変えさせるなど、お産のあり方そのものを変えた。つまり、吉村典子の指摘するように、産みの姿勢の変換は、「『産む人』と介助者の関係を、心理的に、産ませてもらう人と産ませてあげる人へと逆転させた」のである(吉村[1999：98])。さらに、(新)産婆が体現する出産に対する学問的知識に重きが置かれるようになると、地域の女性たちの出番はなくなり、かつての産婆が担っていた魂や産神、儀礼といった世界観が次第に失われていったのである。

なお、従来の産婆(トリアゲバアサン)と区別するために、吉村典子の例(吉村[1998])にならって、明治期の産婆の資格制度により新たに養成された産婆を、本章では「(新)産婆」と呼ぶ。ちなみに、「助産婦」という名称は、1892(明治25)年に産婦人科医の緒方正清によってはじめて用いられた。その後、1948(昭和23)年に制定された「保健婦助産婦看護婦法」によって、社会的に位置づけられるようになる。さらに、2002(平成14)年には、先の「保健婦助産婦看護婦法」が「保健師助産師看護師法」に改められ、この改正に伴い、助産婦の名称も「助産師」に変更されている。

病院出産時代　さらに、1960年代の高度経済成長期と時を同じくして、日本の出産は大きく変貌した。出産の場が自宅から施設内(病院)へと短期間のうちに急激に転換したのである。それ以前は、普通のお産は(新)産婆が取り扱い、異常のあるときにだけ医師が取り扱う、というような棲み分けがあったのだが、瞬く間に日本の出産は、家族や地域の中で産婆に介助されながら自らの力で生み出すものから、病院で医師に「産ませてもら

臍の緒と胞衣　　COLUMN 7

　「胞衣」と書いてなんと読むか？　答えは、「エナ」である。後産で排出される胎盤や卵膜等を指す言葉である。戦後生まれの人で「臍の緒」を知らぬ人はないだろうが、「胞衣」という言葉は、ほぼ死語と化している。しかし、まだ自宅で出産していた時代、臍の緒や胞衣は、いずれも子どもの分身として、出生後の子どもの生命力や運命に強い影響力を持つものとして大切にされ、その扱いにはさまざまな決まりごとがあった。

　臍の緒を切るのに金物を使うことを忌む地域は多い。切り方も重要で、短く切ると子どもが短命になる、などといわれた。また、子どもの身体から落ちた臍の緒は、小箱に入れて保存しておく場合が多く、「大病したときに、保存しておいた臍の緒を煎じて飲むと助かる」という伝承は今でも広く知られている。

　他方、胞衣の処理にも細心の注意が払われた。その処理にはたいてい子どもの父親があたるが、産婆によって包んだり容器に収められたりした胞衣を、しかるべき方角（その年の恵方など）や場所（家の内と外の境界域など）を選んで深く埋め、上から踏みつけた。地域によってはその際、副葬品（扇など）も一緒に納められた。胞衣の処理は単なる廃棄とは異なる、重要な産育儀礼の一つだったのである。

　しかし、病院で出産する時代となって、臍の緒と胞衣は別々の運命をたどる。臍の緒は今日でも小箱に入れて渡してくれることが多い。だが胞衣は、明治政府の衛生政策を背景として、大都市を中心に次第にその処理が専門業者に委ねられるようになった。現在、胞衣は病院で冷凍保存され、提携業者によって定期的に回収・焼却処理されることが多く、胞衣が産婦や家族の目に触れる機会はほとんどない。かくして、胞衣処理習俗が消滅すると同時に、「胞衣」という言葉も死語となりつつある。

う」、医療を必要とする行為へと転換したのである。今では、「もしも」に備えて病院で産むのが当たり前となり、「医師にまかせておけば安心」という意識となっている。そして、病院では、妊娠・出

産の経過はすべて医師によって管理され、出産は単に母子の身体上の問題として扱われる。そこには、産神や魂などというものが介在する余地はない。こうして、女性たちは安全と安心を手に入れたが、それと引き換えに出産における主体性を手放し、家族や地域から隔てられた病院で医師の立会いのもと、1人分娩台の上に固定されて子どもを産むようになっていったのである。

そして近年は、高度消費社会の中にあって、妊娠・出産・育児はまたとない消費の機会とも捉えられている。少子化の中、一生のうちに1度か2度しかない出産や子育ての機会を楽しみたいという意識が芽生えてきたためである。出産そのものも消費の対象であり、消費者である女性たちが病院選びの際に基準とするのは、安全の保証はもちろんのこと、ホテル並みのインテリアや設備が設えられた入院室や豪勢な食事などの病院側から提供されるサービスにある。

産のケガレ　病院出産で失われたものの一つに、産のケガレの観念が挙げられる。昨今では子どもの誕生は喜びとはいえ、ケガレと感じる人は少ないだろう。しかし、まだ自宅で出産が行われていた当時、大量の出血を伴うことから、出産はケガレ（死＝「黒不浄」。これに対するものとして「白不浄」と呼ばれる）と認識されていた。そのため、産婦と生児は産後も一定期間、産屋や産室に籠り、産婆以外の者との接触や外出をなるべく避け、家族と煮炊きの火を別にするなど、日常とは隔離された慎みの生活を送った。

また、産の忌みは、出産のあった家の者にも及ぶと考えられており、忌みの最も強い期間とされる生後3日目から7日目の間は、神事にたずさわることを避け、戸外での仕事や、危険を伴う山仕事や漁などを慎むものとされた。

こうした産の忌みは段階的に明けていくものとされ、その段階は

地域によってさまざまであるが、産後7日目を最初の区切りとみる例は多い。しかし、産婦の忌みが完全に明けるのは、生児の宮参りが行われる30日前後を区切りとするのが一般的であり、地域によっては75日とか100日に及ぶこともあった。実は、こうした日数は産婦の身体の回復に必要な期間に対応しているのである。

ただ、産屋での生活が嫁にとって最高の休暇だったともいわれることなどから、産後の忌み籠りについてはケガレの拡散を避けるという考え方だけでは把握できない側面もある。

生育儀礼（乳児期）　伝統的な社会においては、誕生はあの世からこの世へ魂がやってくることであり、死は魂がこの世からあの世へと移行することとして、人の生死はあの世とこの世の循環の中で捉えられていた。このことは、出産や育児の儀礼と死者に対する儀礼が対応関係にあることからも理解される。そして、子どもは人知の及ばないなにか超常的な力（その象徴が産神である）によって、あの世からこの世にもたらされるものであると考えられていた。乳幼児死亡率・産婦死亡率がともに高かった時代にあって、産神をはじめとする神々の加護のもと、家族や地域の人々とさまざまな儀礼を行うことで、不安定で危険な状態にある生児と産婦の命をこの世につなぎとめようとしたのである。以下で子どもの誕生以降に行われる儀礼を順次みてみよう。

まず、子どもが誕生すると、すぐに産飯が炊かれた。産飯は米の呪力で生まれたばかりの嬰児の魂をその肉体につなぎとめるためのものである。産婆によって産神に供えられるだけでなく、産婦や生児の枕元にも置かれた。死者の枕元に供えられる枕飯と対比されるものである。産飯の膳には海岸や川原、雨だれの落ちるところから拾ってきた小石が2、3個、飯とともに添えられる例も多く、これ

は産神の依り代、あるいは生児の魂の象徴とみられている。

　生後3日目は、生児にとって最初の節目と考えられており、産婆を正客として招き、祝いを行った。これには、近隣の女性たちが招かれることもあった。この日、「湯初め」といって産婆は改めて子どもに湯を使わせて、産毛を剃り、はじめて袖のついた産着を着せた。こうして、胎内で身につけていたものをすべて取り去り、人の身につける袖のある着物を着ることで、はじめて生児の存在が社会的に認知され、この世のもの＝「人」としてのはじめの一歩を踏み出すのであった。しかし、病院で出産する現代では、入院中にあたるため、誕生直後の儀礼はほとんど失われている。

　生後7日目はお七夜で、先述の通り、産後の一つの大きな区切りと考えられていた。産神はこの日に産室を離れるといわれ、産婦は床上げをして、産婆や親戚、近隣の人々を招いて祝いをする。それまでは女性だけの祝い事であったが、お七夜以降は男性も招かれる。そして、この日までに子どもに名前をつけておいて人々に披露する。また、この日に便所参り・井戸参り・橋参りなどといって、生児を初外出させる地域も多い。

　生後30日前後を過ぎて生児の忌みが明けると、はじめて氏神に宮参りをさせる。男子は32日目、女子は33日目とするところが多い。今でいえば、新生児期（生後28日未満）を脱する時期にあたる。この日、生児に晴れ着を着せて、産婆や姑が抱いて連れて行き、赤飯や餅などの供物を供えて氏子の仲間入りをさせてもらう。こうして、一応の氏子となることで、氏神にも地域の人々にも社会の一員として認められるのである。

　生後100日目（モモカ）ごろには、「お食い初め」の儀礼をする。これはちょうど、生児の首がすわり、初期離乳食がはじめられる時

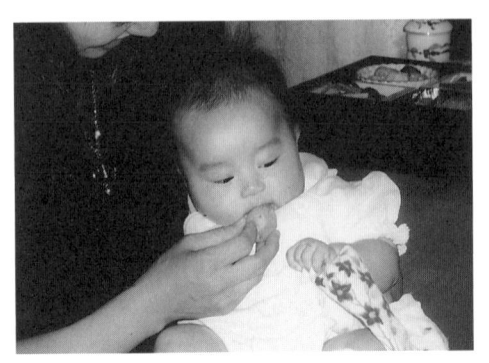

写真 7-1 「お食い初め」「歯がため」の石をなめさせているところ（宮城県仙台市）
（写真提供：岩本麻由子氏）

期にあたる。生児のために赤飯と尾頭つきの本膳を用意して、これをほんの少し生児の口元に運んで、食べさせる真似をする。また、この膳には「石のおかず」などといって、産飯のときと同様に小石が添えられることもある（写真 7-1）。

そして、初節供（男子は端午の節供、女子は雛祭り）には、母方の生家や親類から、男児には鯉のぼりや武者人形、女児には雛人形などが贈られる。

さらに、生後 1 年目には初誕生の祝いをする。もともと日本の民俗には、個人の誕生日を祝う習俗はなかったが、初誕生だけは祝った。このころは、ちょうど子どもが立ち歩きをはじめる時期にあたる。このときに「誕生餅」や「タッタリ餅」といわれる一升餅をついて子どもに背負わせたり、餅を踏ませたりして祝うのである。特に誕生前に歩く子には、押したり餅をぶつけたりしてわざと転ばせる。転ばせることに意味があり、これには人並み以上に成長の早いことを嫌がる心性が働いている。また、この日に、筆や算盤、物差しや財布などを並べて選び取らせ、子どもの将来を占う地域もみら

れる。

　以上、子どもの生育儀礼は、誕生直後に集中して頻繁に行われ、次第に間隔が広くなっていくが、それは子どもの生理的な成長の区切りや母体の回復と非常にうまく対応している。また、誕生当初の儀礼が産婆や女性たちだけで行われるのに対して、7日目以降からは男性も交えて儀礼が行われ、その範囲は儀礼の度に広がっていく。

　そして、生後1年目を成長の大きな区切りとして、それまでは節目毎に繰り返し儀礼を行うことを通じて、魂がこの世に定着することを願い、生児の存在をこの世のものとして社会的に認めてもらい、米や餅といった呪力のある食べ物を周囲の人々に共食してもらうことで、危機を乗り越え次の成長段階へと進む力としたのである。さらに、こうした儀礼は、子どもの親たる女性を母へ、男性を父へと転換させ、親としての自覚を促す装置としても機能していた。

　このように、乳幼児の死亡率が高かった時代は、生育儀礼が非常に重要視され、これを通じて生児は段階的にこの世のもの＝人になっていった。しかし、乳幼児死亡率が激減し、病院で出産が行われるようになった現代では、誕生直後（いや出産前から）から生児は人として扱われるようになった。一方で、魂や産神の存在は忘れられ、儀礼や共食を通じて子どもの生存に対する社会的承認や生きる力を得る、という意味づけも伝承されなくなっている。

　しかし、こうした中、商品化経済や消費社会の進展を背景に、若い世代の間で宮参りやお食い初め、初誕生という儀礼が復活しつつあるという。「伝統的な儀礼は、いまやかつての言い伝えや信仰とは別の消費の次元から再活性化されており」、「伝統的な儀礼を下敷きにあらたな要素が付け加えられて、家族プラス祖父母の記念すべき個人的なイベントとして受け継がれている」のである（松岡

[2003：25-31])。

生育儀礼（幼児期） 　1年目という大きな区切りを経たあとも、「七つ前は神の子」といわれるように、数え の七つになるまでは、その魂はまだ安定したものとはなっていないと考えられ、以降も引き続き神々の守護と成長に応じた儀礼が必要とされた。

そのため、七つまでは産神などの神々の加護が得られるように、幼児特有の髪型や格好をさせ、亡くなった際の葬法も大人とは異なっていた。また七つ前の子は、より神に近い存在として祭りの稚児や神事の憑坐（よりまし）として使われた。

幼児期の儀礼としては、現在では、三歳の男女児、五歳の男児、七歳の女児が11月15日に晴れ着を着て神社に参拝して、氏神の守護を祈る「七五三」行事が普及しつつある。これはもともと江戸の風習からおこったもので、近年になって全国に広まったものである。これに先行する習俗としては、地域によって対象年齢や儀礼はさまざまであるが、三歳の「髪おき」「紐おとし」、五歳の「袴着」、七歳の「帯解き」などの年祝いがある。成長段階に合わせて髪型や衣服を変えさせて、その成長を祝ったのである。そして、その中で最も重要視されたのが男女ともに、七つの祝いであった。盛装して氏神に参拝して、正式に氏子入りするのである。

この七つの祝いを境に、子どもは幼児の段階を脱して、少年（少女）の段階へと進み、氏神を介して地域内の人間関係や、「子ども組」などの組織の中に組み込まれていくのである。このように数えの七歳で幼年期を区切る考え方は、日本の民俗には顕著にみられるものである。小学校の入学年齢を満六歳とするのも、こうした民俗と無関係ではない。

子育てとしつけ　先述したような生育儀礼を実際に司るのは、家の主婦たる婚家の姑であった。そして、日常の生活における子育ても、その主導権は姑にあり、姑の指導のもとで嫁は子どもを育てた。また、実家の母の役割も大きく、嫁は姑と実母の子育ての方法や知恵を受け継いで、それをまた次の世代へと伝えていったのである。

　生業や価値観を同じくするかつての村の生活における「しつけ」の目標は、一人前の村人にすることにあった。七つになるまではそれほど厳しくはしつけなかったといわれるが、言葉遣いや身のまわりのこと、家や村のしきたりなどを、日常の中で繰り返し繰り返ししつけていった。そして七歳を過ぎると、男児には父親や祖父が、年齢に応じた家の手伝いをさせながら、徐々に家の生業に関する技術や知識を仕込んでいき、女児には母親や祖母が家事を手伝わせながら、一人前の女性が持っていなければならない生活技能を教えた。教えたというよりは、手本を見せて悟らせる、というやり方だった。このように、一人前になるための実力や、集団生活に適応するために必要な村人に共通する行動様式を、成長に合わせて幼いころからきちんと身につけさせていったのである。

　なお、最近ではしばしばマスコミで報じられるように思春期の少年による凶悪な犯罪が頻発し、その原因として母親と子ども（特に男子）の密着が問題視されているが、かつての母親は思春期を迎えた息子を自らの手から突き放し、その養育を父親や仲間に委ねた。このような適切な時期に母親の方から精神的に子離れして、子どもを突き放す育児の方法を、四国地方では「こやらい」と呼んだが（大藤［1985：397-398］）、こうした長い歴史の中で培われた子育ての知恵を、かつての母親たちは受け継いでいたのである。

しかし、近代化の過程で産業構造が変化し、都市化や核家族化が進み、経験や知恵よりも学校で身につけた学問的知識が重要視されるようになると、こうしたかつての子育ての知恵は悪しき因習として捉えられるようになった。同様に、しつけの目標も一人前の村人に育てることから、徐々に学問の習得に重きが置かれるようになった。

その一方で、子育てにおける責任や負担は、経験や頼るべき人もない若い母親の肩に重くのしかかるようになり、育児不安は増大し、育児ノイローゼや母子心中といった現象が社会問題として取りざたされるようになっていった。

さらに、女性の社会進出が進み、男女の役割分担が明確でなくなった今日、母親は自己実現への渇望と、子育ての現実との狭間で揺れ動いている。そして、価値観や生き方が多様化したことによって、今や、しつけの目標すら見失われている。

親子心中は大正時代以降の都市を中心に目立つようになったというが、柳田国男はその原因について「社会が小児の生存権を与へなさ過ぎる為だらう」と述べている（柳田［1963：397］）。今日の幼児虐待、いじめ、非行、ひきこもり、少年犯罪などの子どもにまつわる社会問題における子どもの「いのち」の軽さを思うとき、この言葉は重い意味をもって胸に響いてくる。

引用文献

石井研士　2005年『日本人の一年と一生―変わりゆく日本人の心性―』春秋社

江原由美子　2004年「ジェンダー意識の変容と結婚回避」目黒依子・西岡八郎編『少子化のジェンダー分析』（双書ジェンダー分析4）勁草書房

大藤ゆき　1985 年「女をめぐる明と暗の民俗」坪井洋文ほか著『家と女性―暮らしの文化史―』(日本民俗文化大系 10) 小学館

大間知篤三　1967 年『婚姻の民俗学』岩崎美術社

猿渡土貴　2001 年「近・現代における胞衣処理習俗の変化―胞衣取扱業者の動向をめぐって―」『日本民俗学』226 号、日本民俗学会、1-34 頁

猿渡土貴　2002 年「現代の出産とエナ観を捉える試みとして―東京都目黒区在住の女性たちを対象としたアンケートの結果より―」『日本民俗学』232 号、日本民俗学会、19-34 頁

新谷尚紀　1995 年『死と人生の民俗学』曜曜社出版

高岡弘幸　2000 年「結婚式」倉石あつ子他編『人生儀礼事典』小学館、148 頁

八木透　2001 年『日本の通過儀礼』思文閣出版

松岡悦子　2003 年「妊娠・出産　いま・むかし」新谷尚紀ほか編『一生』(暮らしの中の民俗学 3) 吉川弘文館、25-31 頁

松下石人　1937 年「三州奥郡産育風俗図絵」上笙一郎編　1997 年『日本子どもの歴史叢書 12』久山社

柳田国男　1948 年『婚姻の話』『柳田國男全集』第 12 巻、ちくま文庫

柳田国男　1963 年「小児生存権の歴史」『定本柳田國男集』第 15 巻、筑摩書房、397 頁

吉村典子編　1999 年『出産前後の環境―体・文化・近代医療―』(講座人間と環境 5) 昭和堂

参 考 文 献

江守五夫　1986 年『日本の婚姻―その歴史と民俗―』弘文堂

大藤ゆき　1968 年『児やらい―産育の民俗―』岩崎美術社

鎌田久子ほか著　1990 年『日本人の子産み・子育て―いま・むかし―』勁草書房

上笙一郎　2000 年『子育てこころと知恵―今とむかし―』赤ちゃんとママ社

松崎憲三　2004 年『現代供養論考―ヒト・モノ・動植物の慰霊―』慶友社

吉村典子　1985 年『お産と出会う』勁草書房

8 女性・子ども・老人の民俗

板橋　春夫

老人と子ども　民俗学者の宮本常一（1907-1982）が、故郷山口県大島の暮らしと民俗について綴った『家郷の訓』に、老人と子どものかかわりが次のように描かれる。

「おまえが、たとえ一本でも草をひいてくれると、わしの仕事がそれだけ助かるのだから……」と言って仕事をさせるのである。そのかわりエビ（野葡萄）やら野苺などよく見つけて食べさせてくれる。野山にある野草で食べられるものと、食べられないものと薬用になるかならぬか、またその名や言い伝えはこうして祖父に教えられた。戻って来ると、夜はかならず肩をたたかせられる。また足をもまされる。そのかわりに昔話をしてくれる。これがたのしみで、祖父に抱かれて寝ては昔話をきいた（宮本［1984：35］）。

これは「年寄と孫」と題する章の一節で、老人の経験知をどのように継承していくか、子どものしつけはどうあるべきかを端的に示した場面である。社会の一線を退いた老人が、これから社会へ入っ

ていく子どもにわかりやすくエピソードを語ることで、子どもの成長に寄与する姿が描かれる。私たちは大なり小なり、祖父母から昔話や言い伝えを学んできたが、宮本が経験したような昔話や伝承世界に目を開かせる祖父の語りはうらやましい限りである。孫というのは、自分の息子や娘よりもかわいいものだとよくいわれる。老人にとって孫の存在は、老いを生きぬくにあたっての生き甲斐である。自分の老いにわずかでも死の影を感じたとき、自分の経験知をたくさん孫に語りたいと思うのだろう。老人と子どもの交流は深い。

子ども組　　子どもは成長に伴い、遊び仲間ができる。1960年代の高度経済成長期までは、男の子はガキ大将を中心に遊び仲間を形成した。この遊び仲間は自然発生的に形成されるのに対し、子ども組は地域社会における制度として存在し、村祭りや行事において一定の社会的役割を果たしてきた。

　子ども組は、地域社会で該当する子どもが全員加入するのが原則で、子ども仲間、子ども連中などと称し、年齢構成はおおむね7歳から15歳までであった。子ども組は、村祭りや行事の時期だけに結成される子どもたちの自立的な集団で、その活動は著しく限定的である。子ども組の運営にあたる最年長者を親方、頭(かしら)などと呼び、次の者を小親方、小頭などと呼ぶように、ある程度は年齢階梯の序列を設ける場合もあった。この年齢秩序は、子ども組に続く若者組の年齢集団へ連なるものと捉えることもできる。しかし、子ども組は若者組のようにきちんと制度化された集団とは異なり、厳格な役職の序列はみられない。

　子ども組の行事は、正月、盆、節供に集中しており、特にドンド焼きと呼ばれる道祖神祭りなど、小正月行事における活躍が顕著である。行事の多くは男子中心であるが、雛節供や盆行事の一部に女

子どもの遊び　　COLUMN　8

　子どもは遊びの天才である。走る、跳ぶ、打つ、といった行動は遊びの基本であり、本能的なものであるが、子どもの遊びは概して伝統的なものを受け継ぐ。子どもは遊ぶものがない場所でも遊びを生み出す。子どもは大人が驚くほどにどのような材料でも遊びに取り込み、そして疲れるまで行動的に動き回る。

　私が子どものころ、すなわち1960年代は、鬼ごっこで逃げる、追う、チャンバラごっこで棒を振り回す、地面にチョークで書いた円に石を蹴る、といった戸外で元気な声が聞こえる遊びの数々があった。男の子の間ではベーゴマやメンコが大流行し、それに熱中した。正月にはトンコと呼ぶくじ引きや双六、独楽まわしを楽しんだ。また、風のある日に麦畑で凧をあげた。春になると、軒先にある蟻地獄の巣に草を入れて、テッコパッコと呼ばれたウスバカゲロウの幼虫を捕って遊んだ。夏には近くの渡良瀬川へ友だちと泳ぎに行った。飛び込む場所は決まっていたし、水浴びに飽きると沢ガニ捕りをした。

　私の子ども時代は遊びが自然にとけ込んでいたし、集団で遊ぶことも多かった。現代は児童センター、児童館、学童保育など、いずれも囲われた中の遊び場が主流となっている。しかも集団で行動するのではなく個人の遊びが多く、ファミコンに象徴されるコンピューターゲームに向き合う遊びが主流である。

　今も昔も変わらない遊びもある。たとえば泥遊びは、子どもの大好きな遊びの一つである。固い団子をつくって固さを競い合う。私の子どものころは、中にこっそり石を入れて固い団子をつくり、それをピカピカに磨いて固くて強い団子にした。夢中でつくり、時間が経つのを忘れてしまう。物事に真剣になっている証拠であろう。遊びはあり合わせのものであっても子どもたちを熱中させる。子どもは遊びのために創意工夫を惜しまない。

子の参加が認められる。いずれも戸外に小屋を設けて共同飲食の機会を伴っていた。ここでは女子が行事の中心となる群馬県多野郡上野村のオヒナガユを紹介する。オヒナガユとは、4月3日の早朝、

村内を流れる神流川の川原で行われる月遅れの雛祭り行事である。地域の人々は何日も前から川原にコの字形の石垣を組んで準備をする。この石垣はオシロと呼ばれるが、オシロは「お城」ではなく、「お社(やしろ)」「苗代(なわしろ)」というときの「しろ」と同じ意味で、場所すなわち聖域を表す言葉である。

大人たちがあらかじめ石垣の中にコタツを運んでくれる。子どもたちは粥を食べ、ジュース、お菓子を持ち寄って飲んだり食べたり、トランプやいろいろな遊びをして半日を楽しくすごす。石垣の中にお雛様を飾り、お粥や菱餅を供える。オシロの石垣にはそれぞれ入り口があるが、その入り口は一定の方向を向いている。すなわち対岸の山に祀られている天満宮の方角なのである。この行事が、子どもの学問成長を祈る天神様に見守られていることがわかる。このように、子どもたちは大人の協力を受けながら戸外で共同飲食をしてオシロと呼ばれる石垣の中で楽しく半日をすごして親睦を深める。

小さな大人　中世ヨーロッパでは、子どもは大人の前提として存在し、「小さな大人」として大人の連続線上に捉える児童観があった。子どもは自立すべくしつけられ、早くから大人社会に同化していた。これは、伝統的に「小さな大人」という観念があったからである（アリエス［1980：1］）。わが国でも、中世社会においては、子どもは「小さな大人」とされ、一刻も早く大人に仕立てるのが子育ての基本とされた。そして近世以降、男の子は15歳の元服を済ますと、村仕事にも一人前の労働力と認められるようになる。このように一定の年齢を基準に子どもを定義するのは、比較的新しい習俗である。

子ども組に入る7歳という年齢は、子どもを考える上で重要な年齢である。幼児のころはいたずらをしても怒られず、なにをしても

よいし、わがままも許されたが、かつて地域社会では7歳を境に社会性を学ばせることが積極的に行われた。就学年齢の7歳というのは、子どもが幼児期から少年期に移行する区切りの年齢であった。たとえば「七つ泣き泣き鼻取（ハンドリ）」という言葉がある。田植えに先立って水田を耕すが、昔は馬に馬鍬（マンガ）（＝耕作用農具）を牽（ひ）かせて耕した。この馬の鼻取りをするのが子どもで、後ろから父親が馬鍬を持ちながら指示するが、なかなかうまく手綱（たづな）をさばけずに行くべき方向へ進まないので、後ろから父親が大声で怒鳴り、子どもはあまりのつらさに泣いてしまう。つらい労働の実感をはじめて得る機会であり、その年齢が7歳であった。

この時期に七つ坊主といって男児を丸坊主にする慣行が各地にあった。群馬県太田市の大光院は中興開山の呑龍上人（どんりゅうしょうにん）が子どもを養育した故事にちなみ、身体の弱い子どもが5歳や7歳のときに頭を丸坊主に剃り、「呑龍坊主」として呑龍上人の弟子になって健康を祈る習慣が、太田市とその周辺地域で近年まで行われていた。七つ坊主の場合は、丸坊主にしても盆の窪（うなじの中央の窪んでいるところ）の毛だけは残しておくもので、この毛をトトゲ、チンゲと呼んだ。トトは魚のことで、この盆の窪の毛が「魚を食う毛」の意味になり、僧侶の坊主頭と区別し、仏教の管理下に置かれていないことを示す（都丸 [1977：49]）。そしてトトゲを残しておけば、子どもが転んだりしたときに産神様（うぶがみさま）がその毛を持って引きあげてくれると説明している。

捨てられた子どもと老人　中世の子どもについて考察した斉藤研一によると、子どもは大切に育てられる一方で、捨てられたり、売買される存在でもあった。安寿と厨子王の姉弟が出てくる「さんせう太夫」も人身売買がモチーフであるが、それは子ども

の労働力に期待した人身売買であると考えられる。また、子どもは生まれて間もなく命を失うこともあり、常に死と隣り合わせであったという（斉藤［2003：2-7］）。

　大正時代でも約200万人の出生に対し約20万人以上の乳幼児が死亡している。これは出生1000に対し、150から160と高い乳児死亡率となっている。1950年代（昭和20年代後半以降）にようやく減少し、現在は世界第1位の低記録を達成している。昭和初年までは「子沢山貧乏」に象徴されるように、一人の女性が10人近くも出産した。医療環境の劣悪化もあり、生まれて間もない赤子が死亡することは珍しくなく、その際には「運が悪かった」「また産めばいい」という慰めの言葉を産婦にかけた。何人も産んでおけば生存の確率が高くなるという考え方が日本中に蔓延していた。この時代には現代のような少子化と異なり、一人一人の子どもに注ぐまなざしは薄れがちであった。そのことが経済不況などの非常時に子どもを捨てる行為を選択させてしまうことにもなったのである。

　また、老人も捨てられる存在であった。60歳になった老人を山の奥深くに捨てる棄老伝説がある。その内容は、姥捨てのために母親を背負いながら山奥へと入っていく。その際、母親は息子が帰り道で迷子にならないように、木の枝を折りながら捨てることにした。それを知った息子は母親の愛情を知り、はたと目を開かれ、母親を連れて帰ることにしたという。この昔話は、老人の知恵を讃える内容で全国各地に分布する。

　ところで、子どもがいたずらをしたときに親が子どもを脅かすために「お前は川から拾ってきたのだ」という言葉が全国で言われていたが、これは川から生命がやってきたことを示すものと考えられている。また、姥捨ての場合は近くの山に老人が捨てられる。これ

らをみていくと、誕生は川からはじまり、死は山へという山と里の循環的な交流の図式がなりたつ。このことから生命にはある程度の循環システムがあると考えられている（飯島［1991：216］）。これは老人が死んで子どもに生まれ変わるという民俗的思想に連なるものである。

高齢社会と長寿銭　わが国は人口の高齢化が急速に進み、65歳以上人口の総人口に占める割合は 1950（昭和 25）年には 5 ％に満たなかったが、1970（昭和 45）年に 7 ％を超え（これを「高齢化社会」という）、1994（平成 6）年には 14 ％を超えた（これを「高齢社会」という）。そして現在、高齢化が急速に進展している。高齢者人口の増加を象徴する一例として 100 歳人口をみると、老人福祉法が制定された 1963（昭和 38）年に、100 歳以上は 153 人であったが、年々増加し 2004（平成 16）年に 2 万 3038 人となった（内閣府［2005：2］）。

　福島県いわき市勿来では、70 歳代の人が亡くなると餅に赤い字で「八十八」と書き、出棺の際に撒いた。また、80 歳代の人が亡くなったときは赤い字で「百」と書いた餅を同様に撒いた。喪家は紅白幕を張りめぐらしてお祝いのようであったという（最上［1958：207］）。また、高齢者の年祝いに出された引き出物の一部をなにかに用いたり、山梨県河口湖周辺で、長生きした人の葬式で棺に巻いた布を長生きのお守りにもらった（中村ほか［1999：214］）というように、高齢者の葬式に使用したものを身につけるなど、長命にあやかる習俗が多数ある。

　群馬県や埼玉県などでは、100 歳近くまで生きた長寿者の葬儀に際し、「長寿銭」と呼ばれる小袋が配られる。小袋には 100 円硬貨、5 円硬貨などを入れ、もらった人はその長寿銭を財布に入れたり神

棚や仏壇にあげている。これは縁起物の種銭の扱いに類似し、長寿にあやかる思想が強いためであろう。この長寿銭は、葬列が出るときに花籠を振って小銭を落とす撒き銭慣行が変化したものである。拾った撒き銭は使い切るもので家の中に入れてはいけない。一方、長寿銭は財布に入れる縁起物として扱われる (板橋 [1998：48])。長寿銭には、長寿者がこの世を去るに際して長寿という幸運を参列した多くの人々に振りまくという思考がみられるのである。

　沖縄は長寿儀礼が盛んである。97歳のカジマヤー (風車) 祝いが盛大に行われる。カジマヤー祝いでは、地域をあげてパレードが繰り広げられることも珍しくない。カジマヤーは、老人が子どもに立ち返ったという意味で、本人に風車を持たせる。もともとは個人的な通過儀礼の祝いであったが、現在は何十台もの自動車を連ねた祝賀パレードが行われ、家族や親族を超えた地域社会の一大イベントとなっている。長寿者の存在が地域社会全体に活力をもたらすという考え方に基づく (天野 [1999：170])。

老人とポックリ信仰　1972 (昭和47) 年に有吉佐和子が『恍惚の人』という小説を世に問い、その中でポックリ信仰に触れたところ、にわかに注目され社会現象として爆発的に流行した。長患いをしないで、コロリあるいはポックリと死ねるようにと神仏に拝む習俗、すなわちポックリ信仰の存在がクローズアップされたのである。

　福島県大沼郡新鶴村 (現・会津美里町) の中田観音は「抱きつきの観音」といい、観音様に1度抱きつくと1日、2度抱きつくと2日、と死の床についたときに長患いをせずに祈願した日数で死ねるといい、多くの老人の参詣がある。東京都新宿区の「矢来のお釈迦様」も苦しまずに死ねるという信仰があった。静岡県田方郡天城湯ヶ島

町（現・伊豆市）の明徳寺は、別名「チョーツバの神さん」で知られる。男根型の自然石をおさすりして厠をまたぐと下の世話にならないといい、下着を買い求める参詣者でにぎわっている。奈良県生駒郡斑鳩町の吉田寺は、ポックリ往生の寺として知られる。肌着を持参し祈禱してもらうと長く病まずに極楽往生できるといい、「腰巻きのお寺」の別称もある。岡山県井原市の「嫁いらず観音」（写真8-1）は、ここで下着祈願を行うと、下の世話で嫁の手を煩わすことなくポックリ往生できるという（鈴木［2004：255-263］）。

　このようにポックリ信仰は、いずれも安楽に死にたいという願いが込められるが、長寿の願いを込めた信仰でもある。このポックリ信仰はかたちを変えながら全国各地に分布する。老人は家族に迷惑をかけず、長患いをして下の世話にならずにすむように、そして安楽に死ねるように、と祈願する。各地のポックリ信仰の対象寺院は、

写真 8-1　嫁いらず観音の賑わい（岡山県井原市）
（写真提供：村尾美江氏）

近世期から地元で信仰されてきたが、1年に何万人もが参詣に訪れることはなかった。社会現象として爆発的な流行をみせたポックリ信仰を宣伝したのはマスコミであり、それを支えたのは老人たちであった。

老いと隠居　老人は宗教的行為に深くかかわる場合が多く、昔は60歳を境に死の世界に入る心の準備をした。鈴木岩弓によると、日本人の宗教行動の特徴として、加齢とともに信仰熱心になる傾向があるという。具体的には加齢とともに仏壇や神棚を所持する率が増え、この仏壇や神棚に手を合わせる機会も増してくるのである。ポックリ信仰もこの信仰熱心になる年齢と深くかかわる（鈴木［2004：249-250］）。

老人の「老い」はどのような意味があるのだろうか。老いについては、疲れやすい、目がかすむ、人の名前を忘れる、などの傾向があり、若者であっても自分が老いているという自覚はある。一般的に老いにはマイナスのイメージが強い。しかし、老いは必ずしもマイナスではなく、豊かな老人文化が広がっているとされる。老いの入り舞いという言葉がある。これは江戸時代に、舞い終わって退場する直前に引き返して舞うことで、高齢者の最後のステージにおける活躍を示すものとして役者の花道に相当するという（宮田［1999：11］）。49歳で商家の主人を隠居し、日本地図の作製に命を賭けた伊能忠敬の例を出すまでもなく、老いには「追い」、すなわち付加するという意味があったとされる。老いは現代社会にこそ再評価されるべきものであろう。かつて老人は古老と呼ばれ、村の歴史を語り継ぐ役目が期待され、物知りで地域の人々に尊敬されてきた。

61歳の還暦祝いには赤い頭巾とチャンチャンコを着た。これは、還暦を本卦還(ほんけがえ)りといい、老人が子どもに生まれ変わる年という意味

があるためである。この還暦はかつて隠居の目安とされた。定年が一定の年齢になって仕事や役職を失うことであるのに対し、隠居には現役を引退するという意味がある。隠居は定年を自発的に招きよせることを意味し、江戸時代には、商家の若隠居に象徴されるように、働き盛りにあえて隠居して風流を楽しむことが行われた。これはいわゆる楽隠居で、人生の目標が老いてからも存在することを示している。

私たちは慣習や制度によって、一定の年齢に達すると老後の生活をスタートさせるが、わが国の村社会では昔から隠居慣行が存在した。それは西南日本に広く分布する慣行であり、次男や三男をつれて両親が分家するもので、生活の分離は食事、住居、財産など広範囲にわたる。つまり住居をなんらかのかたちで分離するのが隠居制の基本であり、この形態は家族単位を重視したものと考えられている。

女性の役割　社会には男性と女性がいる。男女ともそれぞれ役割分担をしながら働くが、村仕事は主に男性の仕事とされ、女性は家を守るために働いてきた。つまり男性は活躍の場が村社会であり、女性は家であった。女性の民俗を考える場合、家の中における女性の地位と役割をみていくことは重要である。

女性は、一般的には子どもから大人になったときの初潮体験、生活の場が変わる結婚、そして新しい生命を迎える出産、という三つの大きな節目を経験するが、これは娘、妻、母へと変化したことを意味する。娘時代は、かつては良妻賢母になるべく徹底したしつけがなされた。それは明治民法下での家制度とも関連するが、家を永続させて先祖供養をするための教育が家庭で行われ、女性としての生き方を学んだのである。そして適齢期になると、親同士の承諾に

よって婚姻が成立した。一方、西日本の瀬戸内海地域のように娘宿や若者宿が発達した場所では、青年の自主性が重んじられた。

　婚姻によって女性は大きな変化を生じる。生活の場が変わる嫁入りは、女性にとって精神的にも大きな変化である。嫁が実家を出るときは盃を割り、出たあとは振り向かないなど、実家から婚家への移行にあたっては、決して実家へは戻らないという決意を込めた民俗儀礼が行われてきた。そして婚家では、女性として妻と嫁の二面性を与えられ、苦渋の生活を強いられる場合も少なくなかった。

　女性は妊娠して子どもを出産するが、このことにより婚家への帰属意識が強くなるといわれ、婚家で生きようとする決意を再確認できるときでもあった。それから女性は子どもに対して母という役割を演じることになる。これを家の中における関係性でみてゆくと、女性には妻、嫁、母という三つの役割が年齢とともに存在しているといえよう。

主婦権の内容　現在、主婦を指す言葉は、オカミサンや奥さんであろう。奥さんは家の奥にいる女性という意味で、かつては寺院や大尽の家の女性を指す上品な言葉であったが、今では一般的に使われている。古くは主婦を意味する言葉は現在と比べ、バラエティに富んでいた。その代表的な言葉にオウエ、オカミ、オマエ、オカタなどがあり、これらは床や畳の上、本家、旧家などの意味があった。なぜ、これらの言葉を夫ではなく、妻に対する呼称としたのか。柳田国男は、夫である男性は屋外での活躍が主であったことに対して、主婦は屋内で活躍するため、本来は家の主という立場にあったことを意味すると考えた（柳田［1990：419-423］）。それはイロリの座にも表れている。主婦が座る場所が上座、家主座などと呼ばれるのに対し、夫である主人の座る場は横座と呼

ばれた。これは上座や家主座に対しての横という意味で、主婦が家の中心であったことを端的に示す例といえよう。

　主婦が家庭生活において家内部の切り盛りをしていく場合、その主婦に委ねられている家政管理権を主婦権と呼ぶ。具体的には食の管理、先祖の祭祀、火の管理、子どものしつけ、家風の継承、財布の管理などが含まれる。主婦の役割の中で最も重要なものは食の管理である。姑が嫁に主婦権を譲渡することは「ヘラ渡し」「シャモジ渡し」などと呼ばれた。ヘラとはご飯をよそうシャモジのことである。岐阜県の山間部では、大晦日に姑が「来年からお前がやれ」とシャモジを譲る風習があった。嫁は来年こそはと、主婦の座を譲られることを期待するものであるから、間違っても大晦日に姑の手伝いをしながらシャモジを手にするものではない、と嫁にいく前に母親から注意されたという（倉石［1995：41］）。

　このヘラ渡しに象徴されるように、家族の食事管理は主婦に任されていた。食べたいものがいつでも手に入る現代社会においては、シャモジの意味は薄れているが、かつて主婦には家族が飢えないよう、死なないよう、いかにして生計を立てていくか、家族一人一人の腹加減を把握し賄っていかねばならない時代が長く続いた。いかにして腹を満たすかという食物の分配が主婦の大切な仕事であった。

　普段の食事は、白米をできるだけ少なくして米は売ることにつとめた。そのため、白米に粟、稗などの雑穀を足したり、時には大根やサツマイモなどもかさを増やすために用いられた。これらはカテ飯と呼ばれ、少しでも白米を節約するための工夫であった。もちろん主婦は常に節約して質素な食事を準備するだけでなく、田植えや養蚕の上蔟時期には、働く家族のために天ぷら、魚、餅など栄養価のある食事ができる工夫もした。

火の管理は、現在ではガスコンロや電磁器具が普及し、その意義が薄れたが、古くは女性の重要な役割とされた。イロリの火は代々絶やしてはいけないとされ、イロリの火を消すような嫁は嫌われた。沖縄では、嫁入りすると必ず火の神を拝むことにしていた。火の神は家の神でもあり、大切に信仰されてきたのである。

女性の労働　　主婦の仕事は目に見えない仕事がほとんどで、対価を伴わないアンペイドワークのため主婦の仕事を金銭に換算することは難しい。しかも家庭内のこまごまとした仕事の労働量は決して少なくない。たとえば、養蚕と織物が盛んであった群馬県伊勢崎地方では、「娘三人いれば蔵が建つ」といわれるほど、女性の機織りに対する労働力が高く評価された。それはだいぶ誇張されているものの、ある意味では事実を伝えている。そのために女性の婚期が遅れがちであったといわれた。

　また養蚕地帯では、昆虫である蚕の飼育は一大事業であった。蚕は脱皮して成長し、繭をつくって蛹(サナギ)になる。蚕はお蚕様(コサマ)と敬称をつけて呼ばれる。そのような養蚕地帯では「蚕が始まると人間はコノメ（蚕棚のこと）の間に寝る」といわれた。日常生活の場が蚕のための飼育空間として利用されるので、家族は寝る場を失い、蚕棚の間に小さくなって寝るのを余儀なくされた。養蚕飼育には、女性の細やかな働きが期待され、そのために女性は「蚕が始まると帯を解かない」ともいわれ、寝る間も惜しんで桑くれや蚕拾いなどの労働に従事しなければならなかったのである。

　農山村に比べると、漁村には女性が外に出て積極的に働く姿が色濃く残っていた。海女(アマ)のように女性でなければできない特別な例だけでなく、半農半漁の地では男性が漁に出て、女性が畑仕事に精を出し、農業に伴う家計はすべて女性が管理する例が多かった。また、

自分の家でつくったものを売り歩く京都大原のシバ売り、白川女の花売り、房総地方の担ぎ屋のおばさんなど、女性の働きが家計の中に占める割合の高い地方があり、これらは女性の労働がいかに重要であったかを物語る。

かよわい者と周縁性 女性・子ども・老人の民俗に共通する点は、社会的に一人前とみなされず、いつも排除されてきた「かよわい」存在であるということであった（飯島［1991：210］）。この三者は、かよわさをお互いにカバーし合う関係にある。すなわち、子どもの世話にあたるのは母親である女性、老人の介護にあたるのは嫁や娘で、いずれも女性がその重要な役割を果たしてきた。老人は働く父母の代わりに孫の面倒をみる。そして孫は老人に甘え、老人から昔話を聞き、古いしきたりを学ぶ。孫と祖父母が結びつくのは、民俗のあり方として自然なことである。しかし、「婆様育ちの三文安」ということわざがあるように、老人に育てられた子どもは、甘えて育つのでよくないといわれてきた。しかし、孫は単に甘えて育つだけでなく、家の伝承を祖父母から吸収しながら成長するのである（都丸［1977：154］）。

嫁が姑との確執に耐え、忍従生活を強いられた話を聞くが、嫁入りの際、実家で茶碗を割って2度と戻らないという決意で出てきたものの、まだ子どもが生まれず婚家になじめない時期は、嫁にとって落ち着ける居場所がない。この時期の嫁は家族の中にあっては周縁的な存在といえよう。

また、現役を退いた老人は、近畿地方の宮座祭祀においては長老として尊敬されることもあるが、多くは棄老伝説にみるように厄介者扱いされる存在であった。人は加齢とともに死の世界に向かうが、老人はその準備期間をすごす。一方、子どもは年中行事の際に子ど

も組を組織し、新嫁の来た家を訪れて呪術的な行事を行うが、子どもと新嫁は村社会では周縁に位置しており、村行事によって互いにかかわり合うことになる。

このように女性・子ども・老人は、社会的には共同体の周縁に位置しており、大変かよわい立場であり、排除される存在であった。このようなかよわい者たちへは、家族や地域社会からの温かいまなざしと制度を含めた社会的保護が必要である。女性・子ども・老人が、それぞれ疎外されることなく、自分たちの居場所をしっかり確保しながら、しかも女性らしく、子どもらしく、老人らしく生きられる社会が期待される。

引用文献

天野正子　1999年『老いの近代』岩波書店
アリエス、フィリップ著、杉山光信・杉山恵美子訳　1980年『「子供」の誕生』みすず書房
飯島吉晴　1991年『子供の民俗学』新曜社
板橋春夫　1998年「長寿銭の習俗―長寿観の一側面―」『群馬文化』256号、群馬県地域文化研究協議会
倉石あつ子　1995年『柳田国男と女性観』三一書房
斉藤研一　2003年『子どもの中世史』吉川弘文館
鈴木岩弓　2004年「老いと宗教」池上良正ほか編『生命―生老病死の宇宙―』(岩波講座宗教7)岩波書店
関沢まゆみ　1998年「子供・大人・老人」小松和彦・香月洋一郎編『身体と心性の民俗』(講座日本の民俗学2)雄山閣出版、101-118頁
都丸十九一　1977年『村と子ども―教育民俗学へのこころみ―』第一法規出版
内閣府　2005年『高齢社会白書(平成17年版)』ぎょうせい
中村ひろ子ほか　1999年『女の眼でみる民俗学』高文研
宮田登　1999年『冠婚葬祭』岩波新書

宮本常一　1984年（初版1943年）『家郷の訓』岩波文庫
最上孝敬　1958年「葬祭」『社会生活』（郷土研究講座5）角川書店
柳田国男　1990年（初出1941年）「主婦についての雑話」『柳田國男全集』第12巻、ちくま文庫

参 考 文 献
飯島吉晴　1991年『子供の民俗学』新曜社
関沢まゆみ　2003年『隠居と定年―老いの民俗学的考察―』臨川書店
武田正　1999年『おんなのフォークロア』岩田書院
宮田登　1996年『老人と子供の民俗学』白水社
宮本常一　2001年『女の民俗誌』岩波現代文庫

9 葬送儀礼と先祖祭祀

前田俊一郎

変わりゆく葬送儀礼　日本社会の葬送儀礼研究を推進してきた井之口章次は、1970年代後半（昭和50年代）に当時の葬送儀礼に関する主要な論文を収録した『葬送墓制研究集成』(第2巻)の冒頭で、「死の儀礼には、人間模様のギリギリの表出がある。それは日本文化の原質と言ってもよい」と述べている（井之口［1979：1］)。死が人間にとって避けることができないものであり、親族や親しい者との死別が大きな悲しみや喪失感を伴うものである以上、人生儀礼の最後の節目に位置づけられる葬送や墓制、死者祭祀といった民俗には、生と死をめぐる日本人の心意が如実に表れており、民俗学はその草創期から死の儀礼に着目し研究の対象としてきた。

葬送儀礼とは、人の死後、その肉体とそこに宿っていた霊魂の扱いに関する儀礼であり、臨終が確認された後、遺体・遺骨の処理や葬式を経て、一定期間の供養による死者の弔いあげまで連続的、段階的に行われる。こうした一連の葬送儀礼には、その構成要素から蘇生、絶縁、成仏、追善という四つの特質がみられる（赤田［1986：35-36］)。死の際には、枕元や屋根の上で死にゆく者の名を叫ぶ魂呼

びなど、生死の境にあって遊離した魂を肉体に戻そうとする蘇生の儀礼が行われる。死の直後につくる枕飯も米の力によって死者の魂を呼び戻そうとする供物とされる。そして、死が確認されると、食い分かれといって近親者が死者と共食したり、仮門と呼ばれる門型をつくって棺をくぐらせたり、家の門口で藁火を焚くなどの絶縁の儀礼が行われる。この種の儀礼は特に出棺前後に顕著にみられる。また、死者と同年齢の者が餅を耳に当てて凶報を避ける耳塞ぎや、儀礼的に年を増やす年違の習俗も死の災厄を忌避し、死者との関係を絶とうとするものである。一方、成仏と追善の儀礼は僧侶が関与する部分が多く、仏教的な色彩が強い。前者は死者の霊を鎮めて来世へ送る儀礼で、葬列を組んでの野辺送りや墓直し、四十九日まで7日毎に行う中陰の供養などがあり、後者の追善の儀礼は、四十九日の忌み明け後に行う百ケ日や一周忌にはじまる年忌、盆や彼岸の供養などで、親族や縁者が集まって死者の冥福が祈られる。死後の供養は三十三回忌や五十回忌をもって終わるのが一般的で、これをもって葬送儀礼は完結となる。

　このような伝統的な葬送儀礼は、地域社会の成員である個人の死に際し、葬式組による相互扶助の慣行によって営まれてきた。葬式を中心に死の儀礼に関与する人々をみると、死者との関係性から血縁、地縁、無縁の三つの立場がある（新谷［1992：75-78］）。血縁とは死者の家族や親族のことで、遺体に直に触れる湯灌や納棺などを行う。そのため、黒不浄と呼ばれる強い死の穢れがかかるとされ、忌みが求められて喪に服する。地縁とは葬家が属する組などの近隣の家々で、死の知らせや葬具づくり、墓穴掘りなどの実務的な仕事を互助的に受け持つ。無縁とは葬送に職業的に関わる僧侶などの宗教者である。葬送儀礼はこれらの人々の協同によって執り行われてき

たのである。

　今日、日本社会の葬送儀礼は大きく変わろうとしている。伝統的な葬送習俗については、1960年代前半（昭和30年代後半）に行われた全国規模の民俗調査に基づく『日本民俗地図Ⅶ（葬制・墓制）』から各地の事例を知ることができるが（文化庁［1980：1-467］）、近年行われた全国的な調査の成果として国立歴史民俗博物館の『死・葬送・墓制資料集成』（東日本編・西日本編）があり、1960年代（昭和30年代後半から昭和40年代前半）の葬墓に関する習俗とその後の30年間の変化の実態を比較しうる資料となっている（国立歴史民俗博物館［1999：75-78］）。たとえば、この成果の一環として、葬送儀礼の変化に関しては、葬祭業者の関与の増大や公営火葬場の利用による遺体処理の迅速化から、死者と接する時間と空間がかつてに比べ狭まり、葬送儀礼の省略も進む中で死霊に対する畏怖や死の穢れの観念が希薄化していることが指摘されている（関沢［2002：223-224］）。

　そもそも葬儀を中心に伝統的な葬送儀礼が大きく変貌しはじめるのは、1960年代から1970年代の高度経済成長の時期とされる。地方から都市への急激な人口移動とそれに伴う郡部の過疎化や高齢化、就業形態の変化、さらには核家族化の進行、檀那寺との関係の解消など、社会環境や家族構成の変化、宗教離れなどが死をめぐる儀礼の伝承に少なからぬ影響を与えてきている。臨終を迎える場所は病院などの医療現場となり、畳の上で家族に看取られながら天寿を全うすることがまれな時代となった。葬儀が執り行われる場所も自宅から葬祭場やセレモニーホールとなる傾向はほぼ全国的で、従来の葬送儀礼は簡略化し、告別式に重点を置くようになっている。また「葬儀の商品化」などといわれるように、葬儀社やJA（農業協同組合）が葬送儀礼へのかかわりの度を増している。葬祭業者は現代の

葬儀にはもはや不可欠な存在となり、都市を中心として地域社会における家々の互助の関係が解消されている場合が少なくないのである（山田［1999：102-125］）。さらに、葬儀の内容をみると、生前に愛好した音楽で故人を送る音楽葬など、自分らしい葬儀のあり方が求められており、2004年6月2日付の讀賣新聞には、近親者のみで行う小規模の家族葬が増えていることも報じられている。現代の葬儀は、共同体による社会的な儀礼としての性格は後退し、個性化あるいは個別化に向かう傾向にあるといえよう。

葬法の変化をめぐって　今日、一般的に行われている葬法は火葬であるが、日本の葬法を歴史的にみると、最も簡単な遺体の処理方法である死体遺棄をはじめ、風葬、水葬、土葬などが知られている。このうち土葬、火葬、風葬の三つが民間の習俗としてよく確認されている。土葬は遺体を木棺や甕（かめ）などに納めて土中に埋めるもので、火葬は遺体を火で焼き短期間のうちに骨化する葬法である。土葬は全国的に行われてきたが、古くからの火葬の習俗は、野焼きとも呼ばれ、東北地方の日本海側の一部の地域や北陸地方をはじめ、西日本の各地に散見される。山形県寒河江地方や石川県河北郡地方では、骨掛けと称し、火葬骨の一部を菰（こも）などに包んで墓地内の木に吊り下げる独特の習俗もかつては行われており、土葬から火葬への移行過程で生じたもの、霊場への納骨の信仰に基づくものともいわれている。風葬は沖縄県や鹿児島県奄美地方で行われ、遺体を入れた棺を洞窟や崖下などに置き、自然の風化により死者を骨化させる。これらのうち古くから行われてきた最も一般的な葬法は土葬であり、したがって土葬から火葬への移行は、我が国の葬制の大きな変化として語られることが多い。

　火葬が全国的に普及したのは近代以降である。明治時代にはまだ

土葬が主流で、火葬率は20から30％台であったが、昭和に入ると火葬は比率の上では土葬を上回るようになり、その後、1980年代になって火葬率は90％を超えた（鯖田［1990：27-29］）。火葬が急速に普及した背景には、国民の生活が近代化、都市化していく過程で生じてきた、人工過密な都市の墓地不足や公衆衛生観念の浸透があり、また遺骨尊重の観念が新たに生じてきたことも理由の一つとする見方もある。

　土葬地域が火葬化していく過程は、全国的にみれば普及の時期や受容の仕方にも地域差がある。図9-1は土葬から火葬への変化の推移を山梨県の事例から示したものである。山梨県は土葬の慣行が根強くみられた地域の一つであり、山梨市域では1980年代後半（昭和60年代）まで土葬が続けられていた。日川地区（旧日川村）の上栗原を例にすると、1970年代前半まで（昭和40年代）は土葬が主流で、1970年代後半（昭和50年代初頭）から火葬が普及しはじめ、1980年代から1990年代にかけて火葬が次第に定着した（山梨市史編さん委員

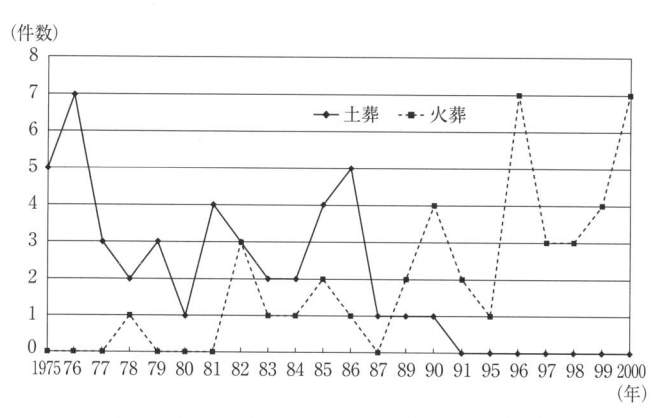

図9-1　土葬から火葬への変化（山梨県山梨市の事例）
出典）　山梨市上栗原地区の『穴番帳』など葬送関係資料をもとに作成

会［2001：52-67］)。火葬と土葬の件数の増減は、二つの葬法がしばらくは葬家の選択で同時並行的に行われており、葬法が急激に変わったわけではないことを示している。ただし、その過程では、穴番と呼ばれた墓穴を掘る仕事は次第に不必要となり、出棺とは火葬場に向かう霊柩車に載せるため棺を葬家から出すことを指すようになった。仮門など出棺時の儀礼も省略されがちとなった。その後、2002（平成14）年には2基の火葬設備を備えた葬祭場が市内に建設され、火葬に十分対応できる環境が整備された。以来、葬儀は葬祭場で行う家々が増えるとともに、野辺送りは行われなくなっていき、初七日の供養も葬祭場で当日に済ませるなどの変化が生じている。このように葬法の変化は多くの地域において旧来の葬送儀礼の再編や消滅を促してきている。

　ところで、火葬が一般的な葬法として定着してくる中で、1990年代に入るとあらたな動向がみられた。死者の葬送や祭祀をこれまで担ってきた地域社会や家という枠組みに縛られない、いわゆる「葬送の自由」が死後に関する自らの意思の自由を主張するかたちで求められはじめたことである（葬送の自由をすすめる会［1991：1-205］)。これは自然葬とも称される散骨を進める運動として展開され、自然回帰の葬法として、支持する人々を増やしてきている。また、近年登場した葬法に樹木葬がある。樹木葬とは遺骨を土中に直接埋葬し、墓標を立てる代わりに目印として花木を植える葬法である。岩手県一関市の臨済宗祥雲寺の住職によってはじめられ、1999（平成11）年に同市郊外の里山にある専用墓地で最初の樹木葬が行われたことが近年注目されている。樹木葬もまたその根底にあるのは自然回帰の思想である。前述した葬儀に関する最近の動向とも関連するが、これらの動きの背景には、現代医学が直面する脳死

や尊厳死など末期医療や生命倫理といった死をめぐる議論の高まりや、現代人の死生観の揺れ動きがあり、少子・高齢化社会における家・家族のあり方とも関連しながら、現代を生きる人々が自らの葬儀の仕方や死後のすみかといった自己の死の問題と向き合う必要に迫られてきたからにほかならない。

墓制の諸相と現在 近代以降、墓地の確保と供給は社会の大きな問題の一つとしてあり続けてきた。特に都市の墓地不足は深刻であり、高層の建物に囲まれた寺院の境内に石塔が所狭しと林立する光景や公営墓地の使用倍率の高さをみるとそれを実感させられる。今日、大規模な墓地の開発を環境破壊として疑問視する向きがあるが、高度経済成長期以降特に1960年代後半から1970年代前半にかけては、公営火葬場とともに霊園や公園墓地の造成が都市部を中心に各地で進められ、過密化する都市の墓地の需要に対しては、マンション式やロッカー式などの納骨堂も登場した。近年にいたっては、インターネット上の墓やコンピュータ制御の納骨施設なども現れ、また、墓石も造形的に趣向を凝らした個性豊かなものがみられ、墓の形態も大きく変わってきている。

しかしながら、都市部を離れると、村外れや海端に位置する集落の共同墓地や屋敷・田畑のすみなどに設けられた家や同族ごとの小さな墓地をみることができ、それらの墓地ではさまざまな墓上施設がつくられてきた。土葬の場合には、埋葬場所に盛土をしたり、マクライシと呼ばれる自然石や木の墓標を目印とし、鎌や傘、杖、息つき竹などの呪物なども置かれた。大型の墓上施設には、タマヤやイガキなどと呼ばれる屋根つきの家型や竹囲い、竹を弓なりにして地面に刺したイヌハジキなどがある。タマヤなどの家型は古代のモガリや中世の霊屋との史的関連性も説かれ、イヌハジキは狼などの

獣から遺体を守る意味があるともいわれるが、これらの複合的な墓上施設は、不安定な死者の霊魂を忌み籠らせ、封鎖しておくために施されるものと解釈されている（新谷［1991：225-226］、岩田［2003：76-88］）。たとえば、島根県の隠岐では、島前はスヤ、島後はミドウと呼ばれる木製の屋形型の墓上施設がみられる。西ノ島町浦郷では、今日でも、共同墓地には、石塔が立ち並ぶ中にスヤが点在している。死者の霊はそこにとどまり籠るといわれ、一定の期間は埋葬地点に置き、朽ちて壊れると石造りの塔墓、いわゆる石塔が建てられた。

石塔は石卒塔婆をその起源とし、単なる墓標ではなく、仏教的な礼拝の対象として死者供養のために建てられる（土井［1977：65-81］）。石塔が一般に普及するのは江戸時代の中期以降であり、先祖代々や何々家之墓などと刻まれた、家を単位とする石塔が多くなるのはさらに下って明治時代以降である。石塔は埋葬直後には建てられず、死者供養を重ねた後、年忌や盆などの節目に建てられることが多い。自然石などの墓上施設に対し、仏教的な供養の装置である石塔は歴史的に新しく、両者の同系性を認めない見方が有力である。そして、石塔をどこに建てるのかという点に民俗学の墓制研究は大

写真 9-1　墓地の風景（島根県隠岐郡西ノ島町浦郷）

きな関心を注いできた。民俗学では、埋葬地点に石塔を建てる形態は単墓制、埋葬地点から離れて石塔を建てる形態は両墓制という術語で呼ばれてきた。こうした墓制の形態差は、石塔が普及する以前の埋葬墓地を基盤とし、石塔という要素の受容の仕方による墓制の分化が説明されており、遺体の埋葬地点と石塔の建立地点との位置関係に着目した土葬墓制の類型も提示されている（新谷 [1991: 43]）。中でも両墓制は、遺体を埋葬する「埋め墓」と被葬者の石塔を建てる「詣り墓」との対比から、日本人の霊魂と肉体を別のものと考える霊肉別留の観念を示す習俗として注目されてきた。墓地を穢れた場所として日常空間から遠ざけようとする強い死穢忌避の観念もこの墓制には窺われ、近畿地方やその周辺地域を中心に分布が確認されている。その一方で、屋敷内という居住空間にも死者は埋葬され墓が設けられてきた。これは屋敷墓と呼ばれ、その分布はほぼ全国的である。被葬者である先祖の霊力が屋敷を守護するという観念を屋敷墓にみる見解や死穢を忌避する観念が後退してから成立した墓の形態とする見方もある。

　ところで、日本列島には墓を設けない地域もある。火葬にした骨の大部分を放置し、石塔などの墓を設けない習俗で、無墓制と呼ばれる。無墓制は浄土真宗の門徒に顕著にみられ、その発生については、遺骨に執着しない真宗の教義や本山である西本願寺大谷本廟への納骨との関連性が考えられている。また、墓の形態や遺体の処理方法は、本土と南島諸地域では大きく異なる。沖縄で風葬が行われていたことはすでに述べたが、墓は横穴を利用した洞窟墓などが比較的古いかたちで、その後は、破風墓や亀甲墓と称される内部に空間のある大型の墓が丘を掘り込むなどしてつくられてきた。これらの墓では、墓室内に死者を入れ、数年かけて肉体が朽ちるのを待っ

て骨を取り出し、近親の女性たちが水や酒で洗い清めてから甕に納めて祀る、洗骨が行われてきた。

このような墓の形態や立地の地域差は、遺体や骨に対する観念や

散　骨　　COLUMN 9

　近年特に注目されてきた葬送の方法に散骨がある。散骨とは、遺骨を細かく砕いて粉状にした遺灰を海や山などに撒く葬法のことで、1991（平成3）年に相模湾で「葬送の自由を進める会」によって自然葬の名で行われて以来、ここ10年ほどの間に大きな展開をみせている。散骨を請け負う葬祭業者も多く、いまや散骨は現代人が自分の死後の有り様を考える上での新たな選択肢の一つとして定着しつつある。

　散骨は『万葉集』の挽歌にみられるように歴史的には散見されるが、現代の散骨はその系譜にあるものとは考えにくく、少子化による墓の継承問題や都市部を中心とする墓地不足などを背景としながら、従来の慣習にとらわれない死に対する個人の意志決定と、従来の葬礼のイメージを払拭する自然回帰の思想などを強調するかたちで行われ、普及してきたといえる。散骨が行われる場所は、野山や海川、自宅の庭や思い出の地などさまざまである。日本国内に限らず、海外の風光明媚な湾内や浜辺などで散骨を行う例もみられる。特に海への散骨については、海洋葬あるいは海洋散骨なる名称も聞かれ、船舶のみならずヘリコプターやセスナ機を利用して散骨が行われている。また、宇宙葬と称して、ロケットを用いて宇宙空間へ向けて散骨するという方法さえも登場している。

　一方で散骨は法律との抵触がしばしば問題視されてきた。今日、散骨は現行の法律で規定される埋葬や埋蔵という行為の範疇外であるとする解釈が一般的であり、廃棄物処理法や海洋汚染防止法との関係では、散骨による自然環境への汚染は問題なしとする見方が有力である。とはいえ、遺灰を自由に好きな場所に撒くことがすべて許されるわけではない。山間部や沿海部などで行う散骨にしても、自然や周辺住民への十分な配慮が必要となることはいうまでもなく、今後の動向が大いに注目される。

死生観の相違が背景にあり、族制や村落組織といった当該地域の社会構造ともおおむね対応している。しかしながら、伝統的な墓の習俗は、明治初年からはじまる墓地新設の制限や共葬墓地の設置など墓地の法的な規制によって、また、遺体の処理方法の変化によってその多くが変容や消滅を余儀なくされてきた。特に近年の火葬の普及により土葬の墓を目にすることは少なくなり、カロートと呼ばれる石室を備えた納骨形式の墓が増えてきている。

また、墓は位牌や仏壇とともに先祖を祀る主要な装置であり、子孫である家族によって幾世代にもわたり祭祀、継承されることが日本の社会では理想とされてきた。それが1990年代に入り、少子化の進展によって一人っ子同士の結婚が増え、未婚者や子どもを持たない夫婦も増加してくると、家族によって永続的に営まれてきた従来型の墓祭祀から脱却しようとする動きがみられるようになった（森［2000：6-8・132-149］、井上［2003：64-270］）。家族以外の者との新たな連帯や結縁によって遺骨をともにする共同納骨堂などの合葬形式の墓が登場し、また個人が寺院と契約を結ぶ永代供養墓や、複数の家族が一つの石塔で夫婦双方の死者を統合的に祀る両家墓も増えており、世代的な継承を前提としない墓のあり方が求められはじめたのである。散骨に代表される墓石自体を設けない現代の傾向も、家を基盤として営まれてきた墓祭祀からの解放という意味では同じ潮流にあるものである。伝統的な墓制の変容過程を見据えつつ、現代の墓をめぐる新たな動向を捉えていく必要があろう。

日本人の先祖観　民俗調査をしていると、座敷の鴨居に一列に並んだ古い遺影をみることがある。それらはその家を興した人物から連なる代々の夫婦の写真であり、「ご先祖さま」などと呼ばれている。現在の人々から「ご先祖さま」と呼ば

れる存在には、先行する世代のすべての死者がなれるわけではない。祀り手となる子孫が確保され、死後彼らによって祭祀されることで死者は次第に清められ、祖霊となり安定した来世が約束される。未婚のまま早世した者や非業の死を遂げた者は、死霊から先祖へといたるいわゆる祖霊化の過程からは外れて無縁仏となる。先祖になるということは、子孫による永続的な祭祀を必要とし、家の存続という規範と表裏の関係にある。そして清まった先祖の霊は遠くへは行かず、近くの山にとどまって家の繁栄を見守り、時を定めて子孫のもとを訪れて交流する。

このような先祖観は民俗学の一般的な解釈であり、柳田国男の学説によるところが大きい。柳田は、1946（昭和21）年に代表的な著書である『先祖の話』を刊行し、日本人の祖霊信仰を霊魂観や他界観、家、氏神などの問題と関係させながら体系的に描いてみせた（柳田［1946：1-253］）。柳田は家の創始者である初代の先祖を重視し、先祖になる条件として家を創設し永続させる力量が必要であるとし、また初代以外でも子孫に供養され一定の年月を経ることで、死者は個性を棄てて祖霊に融合し先祖となるという伝承に注目した。さらには、こうした先祖観が春秋の田の神・山の神の去来や地域を守護する氏神信仰の基調をなし、それを日本人の固有の神観念として理解しようとした。

柳田が提示した祖霊をめぐる学説は、今日でも十分に検証されたとはいえないが、彼の学説を基礎として日本人の先祖観は通説化され、先祖の概念分析や類型化が行われてきた。たとえば、有賀喜左衛門は、家の初代の先祖の他に、血縁系譜関係を構成原理とする同族において、家の系譜の本源である本家が祀る先祖や系譜を超越した始祖を「出自の先祖」と捉え、二重の先祖の存在を指摘した。そ

して、日本の社会では出自の先祖が家を権威づけ、家々の関係を維持、強化する統合原理として機能してきたことを示唆した（有賀［1969：325-355］）。また、伊藤幹治は、家の系譜的な連続性と結びつくことで個性を持ち続ける先祖を「人格的先祖」、死後の通過儀礼を経て最終的に霊魂の集合体へ融合する先祖を「没人格的先祖」と類型化し、この二つが並存しながらも前者は特定の家筋に限る特殊な性格、

写真9-2 二股塔婆（山梨県西八代郡三珠町：現・市川三郷町）

後者はより一般的な性格を備えていると分析している（伊藤［1982：149-169］）。

このように先祖は、子孫によって名前で語られる個性を保持した先祖と、個性を喪失し集合的に認識される先祖に大別され、前者には家の系譜上の頂点である初代先祖とともに、家の由緒書や系図、墓誌などに表れる歴史上の貴種や武将など、その家を権威づける神話的で擬制的な先祖も含まれる。家の系譜を超えた先祖については、「イデオロギー的抽象的祖先観」という先祖観の類型も提唱されている（桜井［1977：203-206］）。このような観念的な先祖は、天皇家の始祖である天照大神を家の先祖の始原的な存在とみなす近代の家族国家観を生み出した土壌ともなり、日本人の先祖観が伝統的な家制度と不可分の関係にありながらも、家の枠組みを超えた広がりを持つものでもあったことを示唆する。

死者が祖霊になる過程は、柳田が『先祖の話』の中で注目したように、年忌の儀礼に見出すことができる。日本の年忌は、中国の十仏事を基礎に七・十三・三十三の回忌を加えるなど独自に発展し、固有の霊魂観を基盤としつつも仏教の影響を受けて現在のかたちに整えられてきた（藤井［1993：531-535］）。トムライアゲやトイキリといって一定の年限をもって死者の供養を打ち切り、最終年忌がすむと神や先祖になるという伝承は各地で聞かれる。たとえば、山梨県西八代郡三珠町（現・市川三郷町）では、最終年忌となる五十回忌に上部が二つに分かれた塔婆を墓地に立てる。このような二股塔婆や常緑樹の先端の枝葉を残した梢付塔婆などの特殊な塔婆を墓に立てる慣行も広くみられ、死者が祖霊へ昇華したことを意味するとされる。

先祖祭祀と霊魂観　　正月と盆は先祖の霊が子孫のところへ訪れる機会であり、1年を両分した1月と7月に営まれる先祖の魂祭りであった。正月が祖霊とも同一視される年神を迎え祀る儀礼としての性格が強いのに対し、盆はその語源を『仏説盂蘭盆経』の盂蘭盆に求められるように仏教色が濃く、外精霊や餓鬼と呼ばれる無縁の霊をも含めた死者・先祖供養の性格が強い。離郷者たちの多くが盆の時期にこぞって墓参りに帰郷することは、盆の先祖祭祀としての性格を物語っている。

　盆には、家の前に高灯籠を立てたり、室内に盆棚を設けて先祖や新仏を迎えて祀る。たとえば、埼玉県秩父郡長瀞町では、盆の13日に縁側寄りのデイや表座敷に盆棚をつくる。棚の四隅に笹竹をつけ、山から採ってきたハギやキキョウなどの盆花を飾り、棚の上には茅を編んでつくった筵を敷いて仏壇から代々の先祖の位牌を移して祀る（文化庁［2001：162-165］）。また、新精霊などと呼ばれ、死

後数年以内の荒々しい霊を迎える家では、新盆(ニイボン)や初盆(ハツボン)と称して死者の霊をていねいに祀る。新盆の家では特別な灯籠を軒先に吊るし、親戚や近隣の人々が見舞いに訪れる。また精霊船や灯籠流し、盆踊りなど地域をあげての盆行事が新盆の家を中心に行われることも多い。

先祖祭祀にはまた同族による先祖祭がある。これは先祖講や株講などの名称を持つ同族祭祀でもあり、祭祀対象は同族の始祖のみならず、稲荷や薬師といった神仏をはじめ、内神や祝殿(いわいでん)、地神など地域によって多様な形態がみられる。しかしながら、系譜性を結合原理とする同族によって「祭られるべきもの」は原理的に先祖であり、祭祀対象の多様さは、先祖の没個性的な性格がさまざまな神仏と習合し分化した結果と理解されている（竹田［1977：443-451］）。

このような家や同族組織にみられる先祖祭祀は、父系の系譜を伝統とする社会において営まれてきた、単系的な系譜意識に基づく先祖祭祀である。しかし、その一方では、関東から中部地方にかけて主に分布し、親の位牌を子どもたちが等しく分けて祀る位牌分けの慣行や、父方の先祖とともに母方、妻方の位牌や墓も合わせて祀る奄美地方の先祖祭祀も知られ、また、寺と先祖祭祀との関係では、一つの家の中で家族が複数の寺と関係を結ぶ半檀家や複檀家といった寺檀制度もある。これらの事例は、父方・母方の先祖を対象とする双系的あるいは双方的な祭祀の形態に目を向けさせ、一つの原理では説明できない日本の先祖祭祀の多様なあり方を認識させることになった。

このように先祖祭祀の形態の地域差が明らかにされてきた一方で、家を基盤とする伝統的な先祖祭祀は、戦後の民法改正による家父長制的な家制度の解体を一つの契機として、家族の変動とともに緩慢

ながらも変わってきた。先祖祭祀の変容の問題は、その動態的な研究が必ずしも深められていないという指摘とともに、高度経済成長期における産業化や都市化という社会変動と、核家族化やそれに伴う夫婦家族制理念の浸透などがその要因として挙げられている（孝本［2001：7-14］）。そうした中で、現代社会の先祖祭祀は、家の規範に縛られず、自らの父母や祖父母など近親の死者への思慕や追慕といった私的な感情に基づく祭祀へと変化する傾向にあり、祭祀の性格は家的から非家的、祭祀の対象は遠い先祖から近い先祖へと移行しているという見方が支持されている。

　さて、子孫によって祭祀を受けた死者や先祖の霊はどこへ行き、またどこから訪れるのだろうか。現世に対する死後の他界は、肉体を離れた霊魂が住まう場所であり、霊魂と肉体を別々のものと考える日本人の霊肉二元観に基づいている。肉体よりも魂を重視する観念は、両墓制の詣り墓における死者祭祀や盆に子どもたちが親に生魚を贈答する生見玉(いきみたま)の儀礼にもみられ、また、生者の霊魂である生御霊が衰弱したり、体から離脱したりすると、病気や死がもたらされると考えられてきた。こうして肉体から離れた霊魂は、身近な場所では墓地や屋敷内に祀られる小祠などにとどまるともいわれるが、死者の霊は里近くの山や森に行って鎮まる、あるいは海の彼方へ行くという伝承もある。死霊の赴く霊山は、東北地方の恐山や出羽三山、中部地方の立山、近畿地方の高野山、四国の弥谷山など各地にあり、先祖を祀る聖地として若狭地方のニソの杜も知られている。たとえば、山形県鶴岡市にある清水の森では、荒ぶる死者の霊はしばらくの間この森にとどまり、山上の堂で行われるモリ供養を経て次第に清まり、やがては湯殿山や月山などさらに高い山に行くと信じられている。沖縄では、村落に御嶽(うたき)やオンなどと呼ばれる、神聖

な樹木の茂った先祖とつながりの深い聖域があり、また海の彼方にある聖なる世界をニライカナイと呼び、人は死後そこへ行き、精霊もそこから訪れるという。

このような霊魂の行方や去来に関する伝承は、山中他界や海上他界に代表される「あの世」の場所を表すとともに、「この世」と「あの世」を連続的なものと考える日本人の他界観や生死観を反映している。それはまた、人の一生について、誕生にはじまり成人、結婚と進み、死、祖霊化の過程を経て再び生を享ける人生儀礼の円環構造として理解することができ、その永続的で循環的な構造は、自然の運行に基づく稲の生産過程や年中行事の繰り返しの営みと対応しているという解釈もなされている（坪井［1970：18-21］、宮家［1989：406-408］）。こうした生命の連続性や霊魂の再生という考え方は、また、生まれ変わりの思想として日本人の信仰や儀礼の中に見出すことができる。梢付塔婆が根付くと死者が生まれ変わった験とみることや、先祖の名前やその一部を子どもに名づける祖名継承の慣行などがそれであり、また、亡くなった祖父母が孫に生まれ変わったという再生譚も知られる。このような日本人の霊魂観からみると、葬送や造墓、先祖祭祀といった死の儀礼とは、「もう一度生まれ変わってくることを求めるための盛大な儀式」ということができよう（宮田［1988：41-42］）。

引用文献
赤田光男　1986年『祖霊信仰と他界観』人文書院
有賀喜左衛門　1969年「日本における先祖の観念」『社会史の諸問題』（有賀喜左衛門著作集Ⅶ）未来社
井上治代　2003年『墓と家族の変容』岩波書店
井之口章次編　1979年『葬送儀礼』（葬送墓制研究集成第2巻）名著

出版

伊藤幹治　1982年『家族国家観の人類学』ミネルヴァ書房

岩田重則　2003年『墓の民俗学』吉川弘文館

孝本貢　2001年『現代日本における先祖祭祀』御茶の水書房

国立歴史民俗博物館編　1999年、2000年『死・葬送・墓制資料集成』（国立歴史民俗博物館資料調査報告書9）東日本編1・2、西日本編1・2

桜井徳太郎　1977年『霊魂観の系譜』筑摩書房

鯖田豊之　1990年『火葬の文化』新潮社

新谷尚紀　1991年『両墓制と他界観』吉川弘文館

新谷尚紀　1992年『日本人の葬儀』紀伊國屋書店

関沢まゆみ　2002年「葬送儀礼の変容―その意味するもの―」国立歴史民俗博物館編『葬儀と墓の現在―民俗の変容―』吉川弘文館

葬送の自由をすすめる会編　1991年『「墓」からの自由―地球に還る自然葬―』社会評論社

竹田聴州　1977年『村落同族祭祀の研究』吉川弘文館

坪井洋文　1970年「日本人の生死観」論文集刊行委員会編『民族学からみた日本』河出書房新社

土井卓治　1977年『石塔の民俗』岩崎美術社

藤井正雄　1993年『祖先祭祀の儀礼構造と民俗』弘文堂

文化庁編　1980年『葬制・墓制』（日本民俗地図Ⅶ）国土地理協会

文化庁文化財保護部　2001年『盆行事Ⅳ』（無形の民俗文化財記録集43集）国土地理協会

宮家準　1989年『宗教民俗学』東京大学出版会

宮田登　1988『霊魂の民俗学』日本エディタースクール出版部

森謙二　2000年『墓と葬送の現在―祖先祭祀から葬送の自由へ―』東京堂出版

山田慎也　1999年「葬祭業者を利用することとは―互助から契約へ―」新谷尚紀編『死後の環境―他界への準備と墓―』（講座人間と環境第9巻）昭和堂

山梨市史編さん委員会　2001年『山梨市史民俗調査報告書第3集　日川の民俗』山梨市

柳田国男　1946 年『先祖の話』筑摩書房

参考文献

井之口章次　1977 年『日本の葬式』筑摩書房

大林太良　1965 年『葬制の起源』角川書店

五来重　1992 年『葬と供養』東方出版

竹田聰州　1957 年『祖先崇拝』平樂寺書店

田中久夫　1978 年『祖先祭祀の研究』弘文堂

土井卓治・佐藤米司編　1979 年『葬送』(葬送墓制研究集成第 1 巻)、井之口章次編『葬送儀礼』(同第 2 巻)、竹田聰洲編『先祖供養』(同第 3 巻)、最上孝敬編『墓の習俗』(同第 4 巻)、上井久義編『墓の歴史』(同第 5 巻) 名著出版

芳賀登　1991 年『葬儀の歴史 (増訂版)』雄山閣出版

藤井正雄　1993 年『祖先祭祀の儀礼構造と民俗』弘文堂

森謙二　1993 年『墓と葬送の社会史』講談社

森岡清美　1984 年『家の変貌と先祖の祭』日本基督教団出版局

柳田国男　1929 年「葬制の沿革について」『人類学雑誌』第 44 巻 6 号

10 里と海・山のなりわい

小島　孝夫

なりわいとは　　私たちの日々の暮らしや一家の暮らしはどのような「なりわい」によってなりたっているのだろうか。なりわいとは日々の糧を得るために行われる仕事を意味し、生計を維持するために行われるさまざまな生産活動に加えて、日常生活を安定した状態で維持するために行われる、必ずしも換金を伴わない諸作業をも含んでいる個人や家を単位とした労働行為を指す場合が多いが、産業や職業・家業のような所得形成を念頭においた活動のみを指すのではなく、どのようにして生きるのかという、個人や集団の価値観を内包する概念である。

　なりわいは生業とも表記し、「せいぎょう」とも読む。年周期で繰り返される生産活動は、日常生活を維持し家の永続を実現させるための基盤となるものであったため、地域社会や家で伝承されてきたさまざまな慣行を基礎資料とする民俗学では、日々のなりわいも重要な研究対象であり、人々が日々の生計を維持するために行ってきた生産活動を総体的に捉えようとしてきた。これを民俗学では生業(せいぎょう)研究と呼んできた。以下では漢字表記した場合は「せいぎょう」の意で用いる。

かつての地域社会では、家ごとに世襲の家業が営まれており、その家に生まれた子どもは大人に混じって年齢に応じた仕事の手伝いを行い、仕事を段階的にこなしていくことで次の段階の仕事を任されるという、家族内での階梯的作業を経験しながら、一人前の働き手となり家業を継承していく素地を身につけていった。一人の人間が一生を通じて一様の労働を行い、それが代々継承されていくことが当時の社会では家を維持することであり、それが地域社会にとって最も望ましいことであると考えられていたのである。

　本章では、自然界から得た資源を糧とすることであったなりわいが、工業化社会さらに情報化社会へと推移してきた過程で、どのように展開してきたのかを考えていくことにする。

なりわいの意義　農業・林業・漁業といった第1次産業が地域社会の基幹産業であった1950年代後半（昭和30年代）ごろには、海面に限らず陸の場合も各家の農地や山林を個人や家の所有物であると同時に、地域社会全体の公共物でもあるとする意識が人々の間に共有されていた。

　たとえば水田に水を張ることを考えてみればよい。天水を利用する場合、すべての田に水を張るには高低差を利用して、高い位置にある田から順次低い田に水を落としていくことになるが、水系の途中にある田が荒れたままであれば、その田のところで漏水などが起こり低位の水田にまで水が回らないという事態が生じてしまう。

　共通の生業に従事する人々からなる地域社会においては、地域社会を構成する集団の中に脱落者が発生することは、すなわち地域社会全体の共倒れにつながることと考えられ、個人の田は地域社会全体のための田でもあるという規範が、人々の意識の中に共有されていたのである。山林や沿海域という共有空間を含む生産空間におい

ては、こうした規範がよりいっそう必要とされ、それをさらに確固としたものにするための手段として、共有空間などを祖霊や精霊が宿る場として聖域視するということが行われてきたのである。

このようにかつてのなりわいは自然環境の制約の上になりたっており、その地域毎に共通した生産基盤が形成されていくことから、なりわいは地域社会を統合していく重要な要素でもあったのである。

なりわいの分類　一家のなりわいにはさまざまな労働があり、さらにそれらは有機的に組み合わされている。そしてその後の社会の多様化に伴い、人々の生活を支えてきたなりわいはさまざまな生産活動に分類化していった。日本民俗学において、なりわいが研究対象とされた過程を概観すると以下のようになる。

柳田国男が『郷土生活の研究法』(1935)所収の「民俗資料の分類」の中で「資料取得方法」として生活資料の直接取得方法として自然採集・漁・林・狩・農を、間接取得方法として交易と市とを挙げた(柳田 [1935：176-184])のが嚆矢となるが、柳田自身はこれらの諸技術を主対象とした研究に必ずしも積極的ではなかった。ほぼ同時期に生業という研究概念を積極的に導入したのは、渋沢敬三を中心としたアチックミューゼアムで、『民具蒐集調査要目』(1936)において「生業に関するもの」という項目を立て、生業に関する民具として「農具、山樵用具、狩猟用具、漁撈用具、紡織色染に関するもの、畜産用具、交易用具、其の他」の8項目を示した(アチックミューゼアム [1936：4-7])。これらの項目は当時の主要な生産活動を反映したものであったが、生産技術を具体的に示す民具を対象とした分類であったため、なりわいという行為の基底にある人々の意識や願意といった、心意を表象する資料を等閑視した分類にもなっ

た。また、半農半漁という言葉に象徴されるように、日本の伝統的な生業の中心は農業であるという意識を研究者間に定着させていくことにもなった。

なりわい研究の展開 次いで1954 (昭和29) 年に文化財保護法が改正された際に、「民俗資料」が有形文化財から切り離され、新たに無形の風俗慣習を加えて「わが国民の生活の推移の理解のため欠くことのできないもの」と明確に規定された。『民具蒐集調査要目』において8項目に分けられた生業分類は、この改正に伴い告示された「重要有形民俗文化財指定基準」(昭和29年12月25日文化財保護委員会告示第58号) にも引き継がれ、「生産、生業に用いられるもの　例えば、農具、漁猟具、工匠用具、紡織用具、作業場等」(第1項第2号) という項目に反映されていくことになった。

さらになりわいを分類して具体的に例示した『民俗文化財の手引き』(文化庁内民俗文化財研究会 [1979]) には、日本各地で展開されてきたさまざまな生産活動が、自然物採集、農耕、山樵、採鉱・冶金、漁撈、製塩、狩猟、養蚕、畜産、染・織、手細工、諸職の12種類に大別され、さらに分類毎に細分された作業の具体的な内容を示す項目が技術体系を念頭において併記されることになった (文化庁内民俗文化財研究会 [1979：26-43])。このことが契機となって生業という用語と分類は文化財保護行政の場に定着し、自治体史編纂事業における執筆項目、博物館における資料分類や展示構成を介して広く一般に普及していくことになった。特に技術的分析を中心とした展開をより確固なものにしたのが、都道府県史や市町村史などの自治体史編纂事業における生業項目の記述である。しかしこうした生産活動の項目別記述はそれぞれの活動の意味を並列化し、それぞれの

活動の意味を平板化させることになり、さまざまな生産活動間の関係や連続性に対する視点を捨象していくことにもなった。

このように民俗学における生業研究は、民具を対象とした調査研究を介して展開した経緯から、農耕や漁撈をはじめとした諸活動の作業内容や呼称、具体的な作業手順やさまざまな道具の運用方法などの技術的内容を記録することを中心に展開することになった。

これまでのなりわい研究の傾向　1970年代までの日本民俗学におけるなりわいの研究はこのような流れの中で展開してきた。その成果として、農業・林業・漁業・工業・商業といった、当該地域の基幹産業を念頭に置いた項目立てに沿った各生産活動の諸技術が、詳細に記述されていくことになった。この過程で留意されてきた視点は、家族における年齢差や性差における分業の実態や、年周期で展開されるさまざまな生産活動の連続性と、それぞれの生産活動における技術の変遷であった。特に昭和30年代以降の高度経済成長期の農山漁村の構造的な変容は、なりわい研究における技術誌的記述にいっそう偏重させていくことになった。

当時からいくつかの民俗学の概説書が刊行されているが、おおむねこうした傾向に沿うものであった。その流れに変化が表れたのが1980年代に刊行された『日本民俗学概論』（吉川弘文館）と『日本民俗文化体系』（小学館）である。両者の目次には生業の文字はなく、前者では「耕地と生産」「山と海の生産」という生産領域を前提とした生業の捉え方が打ち出され、後者においては『風土と文化』・『山民と海人』という巻名が立てられ、生産領域や生産活動の主体に留意した捉え方が示された。また、『日本民俗文化体系』の最終巻には、全国の生産技術のガイドブックともいえる『技術と民俗（上・下）』が刊行された。自治体史が当該地域単位で進めてきた生

産技術の網羅的な記述を全国規模で集成したもので、所与の自然環境の制約の中で伝統的に継承されてきた、さまざまな生産活動が概観できる内容となっている。『民俗文化財の手引き』で提示された生業分類の視点をこの時点で集大成したものと位置づけることもできる。これらの刊行を画期として、民俗学における生業研究は網羅的な生産技術の記述に偏った研究から脱する模索をはじめることになる。

1980年代はまた、日本全体が高度経済成長期を経て、農業社会から工業社会へと移行し、さらに情報社会とも呼ぶべき社会へと、急速に推移しつつあった時代でもあった。かつての地域社会が共有したような地域を単位とした共通した生産基盤は脆弱化し、地域社会を統合する原理としてのなりわいの位置づけそのものが変わった時代でもあった。第1次産業従事者は減少し続けており、世襲的に継承されてきた家業に後継者がそのまま従事しているという家も少なくなっていった。新たな生業研究の対象やテーマの模索が進む一方で、生産技術の変遷や複合性などを体系化することで、新たな文化論として展開しようとする研究も急がれた。このような日本社会全体のなりわいの推移を、今後どのように捉えていくかが、日本民俗学における生業研究の課題として顕在化していくことになった。『生業の民俗』(雄山閣出版)は、これまでのなりわい研究の成果と課題とを総括しようとしたもので、所与の自然環境などを背景にして展開されてきた生産活動の多様性を再評価することと、それらの生産活動の意味を再構築することを意図したものであった。

地域社会の変容と
なりわい研究の課題

現在、農村的景観を有する地域を訪ねたとしても、そこで農業に従事しているのは老夫婦であることが多く、農業後継者たる次世代の姿はそこには

サラリーマン COLUMN 10

　月給取り・勤め人・腰弁など、ホワイトカラーと同義の和製英語は、給与生活者あるいは特定の仕事に従事することでサラリー（俸給）を得る社会層を指す用語として大正時代ごろから用いられたという。本来サラリーとは、事務労働に従事する者に対して1年や1月を単位として支給される固定した報酬のことで、労働時間や生産した物量が基準となる工場労働者に支払われる賃金と区別されていたが、第2次世界大戦後、特に1960年代後半からは所得を給与として得ている労働者層の総称として用いられている。

　明治時代後期ごろになると、明治政府の行政機構が当時の一般社会にまで拡充し、その後の資本主義の定着に伴い会社機構が急速に進展していった。それにより、事務作業を効率よく処理する労働者階層が大量に求められるようになり、自営業者や家業従事者に対して、吏員や社員として事務労働に専門的に従事する労働者階層が出現しはじめた。

　事務労働にはある一定の専門的知識が必要であることから、併せて学校教育制度の整備も急速に進められ、均質な労働者層の育成も図られた。このようにして、学歴や技能に応じて就職先が広く社会の中で準備されるようになると、会社の役員から工場労働者にいたるまでが自らをサラリーマンと呼ぶようになり、1960年代後半には「1億総サラリーマン化」することになったのである。

　サラリーマンの誕生に並行して郊外住宅地の開発、文化住宅・団地や百貨店の建設が進み、学歴社会や職場結婚という現象や専業主婦という存在を生み出すことになった。サラリーマン家庭は都市を中心とした大衆消費文化の担い手となっていったが、従来の第1次産業従事者とは異なり、年功序列制や企業内で完結した福利厚生制度などの企業内の慣行に則った日常生活が展開されるようになり、地域社会との関係は希薄なものになっていった。

ない。彼らは農業経営者の子どもとして生まれ育ち、農家の構成員として同居はしていても、朝食をすませるとそれぞれの職場に出勤するサラリーマンなのである。そして、その配偶者たちもまた子ど

もを学校などへ送り出すと、パート労働などのために出勤している。このように、農業を行っている家であっても家族がこぞって農業に従事しているわけではない。年周期で断続的に行われる農作業は老夫婦に委ねられており、集中的に労働力を投下しなければならない田植えや稲刈りのような作業に際しては、農業後継者世代が休日などを利用して大型農業機械を駆使し、主要な作業を短時間で終えてしまうのである。ユイのような互助慣行は次第に減少し、田に引く水もそれぞれの田に敷設されたポンプにより汲みあげており、水系利用に関する慣行も途絶えている。このような農家経営を可能にしてきたのが第2次世界大戦後に全国で急速に行われた圃場整備事業でありさまざまな農業機械の存在である。そして、事業の実施や機械の購入を可能にしたのはサラリーマンとして月々に安定した収入を得ることができる農業後継者の存在なのである。

　第1次産業以外に従事しているいわゆるサラリーマンの家庭であれば、すでに生産基盤自体が地域社会にはなく、地域社会を形成する構成員に連なる必然性も失われている。さらに給与体系という数字や金銭で評価される労働は、自然環境に対峙する労働とは質が異なり、日々の労働がどれほどの対価を生み出しているのかということに対する実感が伴わないものになっている。加えて、若い世代を中心に進展している情報受容の個別化は、「自分以外は他人」という意識を顕在化させることになり、家族内においても互いのなりわいについてその楽しさについて共感が持てないという事態が生じている。このような世相を背景に世襲的な家業の存在が希薄なものとなり、職業とする生産手段の多様化や変容が急速に進展する現代社会において、なりわいの実態を明らかにすることは容易なことではない。漁家や林業家においても同様である。このような日常生活の

急激な変化の中でどのような研究が可能なのであろうか。

　現代社会におけるなりわい研究の課題は、これまで蓄積されてきた生業の推移に関する調査研究のデータを、どのような視点で捉え直すかということと、現在眼前で展開されている新たななりわいを社会現象としてどのように捉えるかということである。前者については主に農林水産業に関する内容を対象とし、後者については第1次産業を含む多様ななりわいを主な対象とすることになる。以下では、現在にいたるまでのなりわい研究の経緯を確認しながら、現代社会におけるなりわい研究の課題と可能性について述べていくこととする。

生産活動を文化体系として捉える　政治も経済も一貫して日本の基盤的生産活動として稲作の近代化や合理化を推し進めてきたため、日本の歴史や文化は水田稲作農耕を単一基盤として形成され、一元的に展開してきたという常識が長く支配してきた。そのために、里や山などの生産活動に起因する生活様式の違いを、文化体系の差として捉えるという問題意識が生まれにくかった。民俗学においても、生活様式としての里・海・山・都市などの民俗を、優劣や主従の視点から比較することに拘泥してきたともいえる。

　長い日本の歴史の中で、里を中心に展開された水田稲作農耕文化の強い影響を受けながらも、日本各地の沿海地域や山域に棲む人々の間で独自の文化が維持されてきたことは、多様な自然環境と人間との相互作用に基づく生産活動が、所与の環境毎に成立してきたことを示しているが、これらを文化体系として捉えるという民俗学におけるなりわい研究の課題は未完のままである。このことについては先述したような生活を技術誌的に記述することに終始しがちであったことを反省することに加えて、第2次世界大戦後の60年間に

おける日本の伝統的な生業を取り巻く社会や技術の変化が急激であったことにも留意しなければならない。特に戦後の民主化の流れの中で農山漁村において昭和20年代から30年代にかけて施策として展開された近代化運動や生活改善諸活動は、全国で一律に推進されたもので、地域毎に培われてきた往時の伝統的技術や文化を後進的なものとして否定することが多くみられ、日常生活の中から急激に排除されていったため、それらを技術誌的に記録することが急務となったという事情も理解されなければならない。

以下では民俗学が伝統的生業として今日まで研究対象としてきた農業・漁業・林業について、昭和30年代以後の伝承母体の変容に関連させて概観しておくことにしたい。

農　　業　農作物を計画的に供給できる農耕は、日本社会の生産活動の中で最も重きをなしてきた。昭和30年代までは手仕事による伝統的な耕作が続けられてきたため、現在でも手仕事が中心だった時代の習俗や創意工夫についての事例を収集することが可能であるが、機械化が進展しつつあった時代を共有してきた世代が話者となる場合が多いので、生業暦を作成する際には農業機械の導入前後の事象を錯綜しないよう留意しなければならない。しかし、前述したように現在の農村では専業農家は激減し、兼業農家も第2種の割合が高くなっており、農家の経営の実態を明らかにするのは難しい。

それでは現在の農業は生業研究の対象にはならないかというと、そうではない。民俗学の視点は直近の過去と現在との関連に注目することにある。そうした視点で現在の現象を捉えると、現在眼前で起きている事象は、結果であると同時に経過でもある。今後の日本の農業の行く末や私たちと「農」との関係を考えようとすれば、現

在の事象をむしろ経過と考える方が意義がある。現在の農業を捉える視点を挙げておくと、家庭菜園の展開や棚田保全に多くみられる都市生活者による援農作業などが注目される。また、稲作の機械化と農家の兼業化が進むことで稲作技術の均質化が一挙に進んでしまったが、稲作文化の系譜に関する課題も重要である。畑作については家庭菜園にかかわる人々の多様さが示すように、個々の需要をかなえる柔軟な生産活動として捉え直すと、稲作文化とは異なる文化要素を提示していくことが期待される。

稲作と畑作　水田稲作の作付けの特性が単一性・均質性であるとすれば、畑作の作付けの特性は多様性である。このことがこれまで水田稲作を一義的な生業として位置づけてきた。

　根菜類や穀類を主要栽培作物とする畑作農耕は、稲作農耕とはその生産技術に差異があり、生産される作物の認識体系や利用法も異なっている。技術論的には発展段階的位置づけが可能であるが、各作物の栽培はそれぞれ独立した対等な文化であり、相互補完的に共存してきた文化である。

　水田稲作の単一性・均質性が日本の歴史や文化に果たした役割と同様に、畑作の多様性が果たした役割もまた重要である。筆者が近年調査を続けている徳島県の伊島・出羽島という離島には、ヤリモライあるいはクチモライという慣行が存在する。これらの島の女性たちの間では口頭での耕作地の譲渡が行われており、その内容について男性はまったく関知しておらず、男たちは各家の畑の数や場所についてもまったく知らされていない。ハタケトモダチと呼ばれる女たちの間で譲渡される畑は、自宅から離れた場所や標高の高い位置にある畑が主に対象となるが、こうしたやりとりを繰り返す過程で、各家が耕作する畑はほぼ8枚から10枚になっている。その内

訳は、自宅近くのオカズバタケは連作障害を考慮しながら作物を循環栽培できるように複数準備されており、次いで自宅から離れた畑にはサツマイモやサトイモ、タマネギなど栽培に手間のかからぬ作物が耕作されており、自宅から最も離れた畑には収穫のみに出かける果樹類が植栽されている。これらの畑で栽培されている作物はすべて自給用で、男たちの漁の稼ぎの多寡にかかわらず、各家族の恒常的な食料として確保されているのである。各家の畑の数や作付け面積はほぼ均等で、各家の畑からの収穫物の総量もまたほぼ均等で、仮に男たちの稼ぎに差が生じても各家の日々の食事には直接影響が出ないシステムになっている。

伊豆諸島の御蔵島でも同様の慣行がみられるなど、小規模な離島に共通する慣行であることが予測される。漁で競い合う男たちをまったく除外して、女たちのみで畑の管理を行うことで可能になった慣行であるが、畑作が有する作付けの多様性が、各家の生産活動の巧まざる平準化を実現している例として捉えることができる。

漁　　業　日本の漁業の主漁場は沿岸域で、江戸時代末期ごろまでにさまざまな漁法が開発されつくされており、さらにそれらの伝播も進み、限られた海域は漁場として飽和状態に達していた。明治期に入っても沿岸漁場での漁業生産は停滞したままであったので、その後の漁業の展開は漁業生産を発展させるための技術革新と、その模索に費やされることになった。具体的には漁場自体の拡大を図るための沖合遠洋漁場への進出であり、沿岸域での漁法の技術改良による漁獲効率の向上であった。前者は漁船の動力化と大型化、改良揚繰網や流網などの改良開発による漁業の沖合操業化を実現させていった。後者は大型定置網の発明改良などの漁法の開発と、アメリカ産の綿糸の導入などの漁具の改良により、

漁獲効率を高める技術開発が進められた。

また遠洋漁業法制定に伴うノルウェー式捕鯨や汽船トロール漁業の導入、沿岸域での養殖業の開発などが、官民の連携による万国博覧会での情報収集活動と内国勧業博覧会での啓蒙普及活動とにより、国内各地への普及と波及とを実現させた。

こうした漁業の近代化は、大正期以降も第2次世界大戦前まで継続されていくことになったが、この過程で漁民層の内外に資本の差による格差を生み出していくことになった。第2次世界大戦後には1949（昭和24）年に新漁業法が成立し、漁業制度の再編が実現した。戦後の日本の漁業は食糧増産政策のもとでいち早く生産力を回復した。戦後の農地解放が生み出した農村における食用水産物市場の拡大がその背景にあり、その傾向は1960年代後半まで続くことになった。次いで水産物市場の担い手となったのは人口の急激な過密化を進めた都市であり、高度経済成長期における都市家庭という、従来とは異なる生活様式における消費形態であった。さらにこの消費形態は、水産物の漁獲・流通・輸送・加工から販売方法にいたるまでの水産業全体の構造を大きく変えていくことになった。1977（昭和52）年に制定された漁業専管水域は、それまでの漁業発展を支えてきた魚価の高騰、燃料油の低価格、遠洋漁場への拡大的進出という要素をすべて消滅させることになった。200海里内操業の実施に際しては遠洋漁業からの撤退や漁船の廃棄などが相次いだが、沿岸沖合漁場に参入してきた旧遠洋漁業船との間では、漁場や資源をめぐる衝突が発生するようになり、相互の漁業妨害が繰り返されるようなことが起きると、漁場の荒廃や資源の枯渇という問題も顕在化していった。一方で、沖合漁場や遠洋漁場をめぐる旅漁は、それまで自身の母港での慣行や技術しか知らなかった漁夫たちにさまざま

な情報を与えることになり、それがさらに伝播されていくことで、魚種毎の漁法を全国的に平準化していくことにもなった。

現在漁村で出会う漁夫たちの多くは戦後の漁業の急激な変化を体験してきた人々である。彼らのライフストーリーに共通するのは、若いころに地元で家族や親方の船に乗って漁の基礎を身につけ、長じて沖合漁業や遠洋漁業の船に乗り、それらの船を降りてからは再び自身の小船で漁を行うという流れを経験しているということである。これは全国的な傾向であるが、日本の漁民が共通して経験した事象と捉えると、看過できない課題である。

私たちが現在伝統的な漁法としている沿岸域での漁は、近世末までの限られた海域しか漁場として利用できない時期に発達したもので、沿岸域の狭隘な海域を漁場とし、漁獲効率自体が低い、個人を単位とした技術によるものであった。換言すれば、往時の漁業は海女たちの潜水漁に代表されるような、水産生物を等身大の技術で採捕していたことになり、更新性資源である水産生物に対して負荷をかけずに永続的に利用してきたともいえるのである。漁業専管水域の設定は、広大な海域を回遊する水産資源の無主性に対する具体的

写真10-1　1990年代の海女たち(千葉県安房郡千倉町白間津：現南房総市千倉町白間津)

な管理方法を設定する新たな契機であり、島国という呪縛から脱しようとして広大な漁場開拓を進めた日本の水産業が原点に戻った契機でもあったのである。漁業者の高齢化が進む現在では漁場は沿岸域に集中する傾向が顕著で、漁法の規模も漁夫自らがオカズトリと称する程度の小規模なものになっている。この機会に伝統的な資源管理の思想の再評価と新たな資源管理方法の再構築をはかることも考えられるべきであろう。

　一例を挙げると、東北地方では「鮭の大助」と呼ばれた川の神が、10月20日のエビス講の日などの特定の日に川を遡上するという伝説が伝えられている。特定の日時に流域のサケ漁をいっせいに休むことにより、その日だけはサケを自由に遡上させ、種の保存や資源保存を図ろうとしたこの事例のように、日本の伝説や昔話には地域社会における資源管理の規範を伝えるものがみられる。それらに表象される、先人たちが経験を重ねることで体得した資源管理の思想が再評価される可能性があるのである。

林　業　明治期以降の日本の林業は、林業行政、民間林業、国有林経営の3者により進展してきた。明治期には林政の整備と国有林の形成が行われ、大正期から昭和戦前期にかけては従前からの国有林整備に私有林業を加えた林政の拡充と、国有林・御料林経営の本格化が図られた。第2次世界大戦後には、復興用の木材の需要と豊富な労働力により、植伐の規模は国有林・民有林ともに拡大傾向が続いたが、丸太関税の廃止と木材輸入自由化の措置により輸入木材が急増し、1970（昭和45）年ごろには木材価格の水準は外材主導となり、農山村の若年労働力流出とあいまって林業の構造は大きく変化し、1980年代以降は停滞期に入っている。その間に人工林の造成は盛時の10分の1ほどに減少したが、植林

された樹木の主伐時期が全国的に 2000 年以後にあたるため、多くの人工林では伐採事業の継承と今後の林業の振興に向けて模索が続いている。高齢者が中心の林業家は山林の管理を都道府県に委託したり、山林そのものを自治体に貸与することで山林の管理を続けており、都市生活者による間伐ボランティアの受け入れも行われている。

　山林は森林資源を有する場だけではなく、水源地としての公共地でもあり、豊富な生活資源を提供する場でもあった。山林には食料や燃料などになる草や木の採取物があり、さらに換金を前提とした交易品生産のための狩猟や山樵・木工業、薪炭業、鉱業などを成立させる資源をも重層的に有していた。これらの資源や資源利用の技術は山村と里の農村との交流を活性化させることにもなった。

　山の資源を利用する人々の関係は、資源を共有することを前提になりたっているため、その利用にあたっては対等を原則としてきた。山菜類の採取は口明けの慣行により、特定の日時にいっせいに採取され、狩猟の場合は獲物の分配は参加者全員で平等に行われてきた。山地で行われる焼畑は私有林に加えて共有林も利用される。特定の区間を焼いて数年の間耕作し、地力が弱まると放棄して山に戻し、他の区画を焼いていく。この場合も山を焼く作業は共同で行い、栽培作業は単独で行うという原則があり、焼畑からの収益は耕作した個人の努力や能力に任せることで、恩恵の平等分配の論理が貫かれていた。

　山に重層的に分布する資源を平等に分配する論理は、先述した畑作耕作におけるヤリモライ・クチモライ慣行にみられる平準化の論理にも通底しており、水田耕作のように単一作物を明確な私有地で排他独占的に栽培する生産形態の前段階的生産形態として注目され

る。

なりわいの儀礼　往時の農林水産業には、人為を超えた自然環境の影響や打撃をいかに防ぐかを念頭に置いたさまざまな儀礼がみられた。年周期の生産活動では季節の循環に応じて作業が行われていた。そしてこれらの作業の成果として収穫・漁獲・採捕などが行われた。しかし、それらは気象などの自然環境の影響に左右されやすいものであったため、収穫などがより確かなものになるように通年にわたり地域の人々がこぞって予祝的な呪いを伴う儀礼を行うことが多かった。

　農業においては、稲作では小正月の予祝儀礼、春先に行われる水口祭りなどの播種儀礼、田植え初日に田の神を迎えて祀るサオリ行事などの田植え儀礼、稲の生長していく過程を通じて虫送り・鳥追い・風祭り・日乞い・雨乞いなどの除災や防災の呪術儀礼、田の神に収穫を感謝する穂掛け行事や刈り上げ祭などの収穫儀礼が行われる。畑作においては季節に応じて多様な作物を栽培するため、小正月にモノツクリ・粥占い・成木責めなどに予祝儀礼が集中している。また、坪井洋文が指摘したサトイモや焼畑に関する儀礼についても検討が必要である。特に栽培植物の中でも水陸での栽培が可能な品種であるイネとイモとの文化的類似性に留意しなければならない。さらに、焼畑耕作の周期的な栽培方法と複数年周期で行われる儀礼との関連についても留意しなければならない。

　漁業においても正月に人々を魚群に見立てて船上から餅やみかんなどを撒く予祝儀礼が行われるのをはじめ、大漁を報謝するマイワイ、不漁が好転することを祈願するマンナオシなどが行われる。生まれて3年経っても足の立たないことから海に流された蛭児神の信仰として集約されたエビス信仰は、漁村においては海の彼方から来

遊するものが大漁をもたらすという観念として捉えられており、西宮の夷神をはじめ魚群を追って沿岸域まで来る鯨やイルカをエビス神としたり、海中から特定の手続きで採集した石をエビス神のご神体とする信仰がみられる。

　林業そのものは樹木の植伐とその間の枝打ちや間伐などの管理作業によってなりたっており、それらの行程にかかわる顕著な儀礼はみられない。むしろ巨樹などの特定の樹木を神樹として信仰の対象としたり、作業の場となる山地を聖地とする意識から行われる山の神に対する儀礼が注目される。猟師などが山に入ったときに使う「山言葉」は、山を生産領域とする人々の空間認識を伝えるものであるし、山を海上での目印とした漁民が海上で用いる「沖言葉」との一致から、海と山という異なる生産領域の連続性を示唆している。

　また、神社に祀られた神に新たな力を付与するため、一定周期に海岸に下り、潮水を供える行事である浜下りも海と陸とを循環する水に関する儀礼と捉えれば、生産活動における水の重要性を人々が再確認する機会としての機能を有していたものと理解できよう。

写真 10-2　浜下り（福島県南相馬市烏崎）

新たななりわい研究にむけて　直近の過去との連続性を念頭に置いて現在の生活文化を捉えようとすると、現状は直近の過去から伝承されてきた事象の「結果」として理解されることになるが、一方で日々の営みは営々と続けられていることにも留意すべきである。むしろ、民俗なるものを「経過」として捉えた方が、私たちが直面している課題やそれらを克服していく手法を見出しやすいのではないだろうか。

　民俗学が創始された当時の日本は、農業が中心の社会で第1次産業従事者が多数を占めており、なりわい研究はおのずと農業・漁業・林業を主対象としたものになっていた。そして、これまでの民俗学におけるなりわい研究はそれらを主対象としたまま展開してきている。この成果は近代日本の生産技術史の展開と伝播の実態を明らかにしてきた点では評価できる。

　なりわいを広義の生計維持体系として捉えようとすると、その理解のために不可欠なものは、生活者それぞれの生きる意味を解きあかしていこうとする視点である。なりわいを分析する上で、技術や技能、知識、体力といった視点以上に重要なのは、生活者の生きる姿勢を理解しようとする視点である。人はなにを楽しみに生きてきたのか努力してきたのか、ということを明らかにしようと試み続けることが、生きるための普遍的な知恵を再構築していくという、新たななりわい研究を進展させていくことになろう。なりわいは現代社会においても生活文化の基盤をなすものであり、その展開や推移を明らかにしていくことが、現代社会の諸相を理解する有効な視座をもたらすことになるはずである。

引用文献

アチックミューゼアム編著　1936年『民具蒐集調査要目』アチックミューゼアム

文化庁内民俗文化財研究会編著　1979年『民俗文化財の手びき―調査・収集・保存・活用のために―』第一法規出版

柳田国男　1935年『郷土生活の研究法』刀江書院

参考文献

上野和男・高桑守史・福田アジオ・宮田登編　1987年『新版　民俗調査ハンドブック』吉川弘文館

大林太良編　1983年『山民と海人―非平地民の生活と伝承―』(日本民俗文化大系5)　小学館

谷川健一編　1986年『風土と文化―日本列島の位相―』(日本民俗文化大系1)　小学館

日本常民文化研究所編　1972年『日本常民生活資料叢書第一巻』三一書房

野本寛一・香月洋一郎編　1997年『生業の民俗』(講座日本の民俗学5)　雄山閣出版

福田アジオ・宮田登編　1983年『日本民俗学概論』吉川弘文館

森浩一編　1985年『海と山の生活技術誌』(『技術と民俗』上巻〔日本民俗文化体系13〕)　小学館

森浩一編　1986年『都市・町・村の生活技術誌』(『技術と民俗』下巻〔日本民俗文化体系14〕)　小学館

柳田国男・関敬吾　1982年『新版　日本民俗学入門』名著出版

11 　祭りと年中行事

牧野　眞一

祭りの多様性　　1年の生活の中で折り目をつけ、普段の生活にアクセントをつけるのが祭りや年中行事である。そういった行事は、かつての農村社会では普段と違った衣服を着けたり、ご馳走を食べることができるので楽しみであった。宮田登が山陰地方の調査の際、老婆が嫁に来たとき「年に三トキは犬も知る、盆に正月、村祭り」といわれて、その時が来るのが楽しみであった、と聞いたという。トキとは普段の仕事を休める1年の折り目とされていた (宮田 [1997：13])。正月と盆、そして村祭りが1年の中でも重要な行事とされていたことは、山陰地方だけでなく他の地方でも一般に聞かれるところである。

　村祭りは各地で行われているが、現在では商店街やスーパーの売り出し、地域や学校のイベントなどでも「祭」の文字が用いられており、わくわくしたイメージを醸し出している。また、行政の主導による市民祭りや区民祭りなどもある。しかし、そこには神の存在がほとんどみられなくなっている。他にも寺院の法会や縁日なども「祭り」と呼ばれたり、そう認識されていることも少なくない。このように現代では祭りといっても多様化している。

祭りの本質　祭りとは、木や岩など神がよりつく依代を設置して神を迎え、供え物などをしてもてなし、さらに神と共食する直会をして送りかえす儀礼といえる。柳田国男によれば祭りは、マツラウという語と同じで、神の側にいて奉仕する意味であるという（柳田［1969a：185］）。語源に関しては他に、神の示現を「待つ」や、神供を「献る」のマツから出たとする説などがある。

　柳田は、氏子が参籠して神をもてなす「祭り」から、信仰を共有しない人々も参拝する「祭礼」へと変化していることを指摘している（柳田［1969a：187］）。祭りには、神事の他に神をもてなすための芸能などが演じられることもあり、参詣者や観客を多く集めるようになる。櫻井徳太郎は、祭りは神事と祭事によって構成されるとした。神輿巡行や芸能などの祭りの華やかな部分を祭事とし、厳粛に執行される神事と対照的な時間と空間としてみている。この祭事の部分が、都市の祭りでは華やかさを増し、分離してきたという（桜井［1987：108］）。こうした都市を中心とした大規模な祭りの華やかさが祭りをイメージ化し、祝祭としてさまざまな祭りが創出されてきた。ただ薗田稔は、祭りが集団儀礼である以上は「見せる」要素は本来的なものとの見方を示している（薗田［1988：114］）。神楽や獅子舞など各地で催される民俗芸能は、そういった祭りの要素の展開といえる。

村の祭り　小地域集団としてまとまりを持った村には、神社がたいてい祀られている。それらは氏神・産土・鎮守、お宮などと称されたり、あるいは社名や祭神名で呼ばれている。祭祀圏はその村の住民や世帯であり、氏子と呼ばれる。中には氏子が、村をこえて広く存在する神社もある。神社の行事にはさまざまあるが、例祭などと呼ばれる主な祭りが年に1回から2回設定

宮　座　　　　　COLUMN　11

　宮座とは、一定の資格を持つ成員によって構成される神仏の祭祀組織のことである。この「神仏」とは地区の神社が主であるが、堂である場合もある。もっとも宮座というのは学術用語であり、宮座の他に座仲間・祭座・座衆・宮講などとさまざまに呼ばれており、近畿地方とその周辺地域を中心に、中国・四国から九州地方にかけてみられ、中部地方など東日本にも点在する。宮座は、中世の荘園制や惣村と深いかかわりのもとで成立したとされている。

　宮座には特権的な家筋に限って祭祀権を有する株座と、地区の家がすべて加入する村座とがある。村座という概念は、肥後和男によって提示されたもので、それまでは株座に関心が向けられていた。村座といっても一時的な居留者は除外されたり、長男で年齢順であるなど一定の資格が必要となる。宮座の本来的な形態は株座であり、それが開放されることにより村座に変容してきたと一般に考えられている。ただこれには、氏神祭祀は本来地縁的で、特権的祭祀組織は本来的でないとする原田敏明の意見もある。宮座は右座・左座など複数の座に分かれていることが近畿地方では多くみられ、組織や祭儀の双分性として指摘されている。また、宮座には当屋（頭屋・当家）と呼ばれる祭祀執行者がおり、構成員の中から輪番で担当する。この当屋が年番神主を兼ねることも多く、祭儀では重要な役割を果たす。宮座の組織としては年齢階梯制がみられ、年齢順に一老・中老・奉行、年寄・清座・若衆などと呼ばれ役割が決まっている。そのうち最も重視されているのが最年長者であり、当屋も年長者順に選ばれることが多い。高橋統一はこの点を重視し、宮座を祭祀長老制としている。宮座には宮田とか座田と称される田を有し、当屋が耕作して供物とした。しかし、明治以降の近代化の影響や、農地改革で座田が開放され経済的基盤を失ったりするなど、宮座の存在も大きく変容してきている。

［参考文献］
高橋統一　1978年『宮座の構造と変化』未来社
原田敏明　1976年『村祭と座』中央公論社
肥後和男　1941年『宮座の研究』弘文堂
福田アジオ　1980年「宮座の社会的機能」五来重ほか編『民俗宗教と社会』（講座日本の民俗宗教5）弘文堂、70-97頁

されている。柳田は、神社の祭日は2月または4月と11月の春と秋が多いことを指摘した（柳田［1969 b：188］）。春は農業の豊作を祈念する予祝的祭礼であり、秋はいうまでもなく収穫祭としての意味を持つものといえる。

東京都板橋区の徳丸や下赤塚では、「田遊び」と呼ばれる祭りが2月に行われている。これは稲作の種まきから収穫までの所作を演じ、豊作を祈念する祭りである。この「遊び」とは祭りと同意であり、所作がその年に実現すると考えられたのである。春祭りや秋祭りは全国的に広くみられるが、関東地方では春祈禱・秋祈禱と呼ばれることも多い。春は豊作を祈念し、秋は収穫物の一部を供えて神に感謝する。それぞれの祭りは祭日の前夜からはじまり、一般にヨミヤ（宵宮・夜宮）と呼ばれ、参詣者の多い神社では夜店が出たりして賑やかであるが、社殿では神迎えの神事が執行されていたり、古くは神を迎えるための籠もりが行われた。

その他に広くみられるのが夏祭りであり、その代表的なものが京都の祇園祭である。東日本では天王様と呼ばれる夏祭りが、7月から8月中旬にかけて広く行われているが、京都八坂神社の祇園祭や愛知県津島市の津島天王祭の影響を受けて定着した祭りである。天王とはインドの民俗神である牛頭天王（ごずてんのう）のことであるが、日本の神と習合し、天王祭は悪霊や疫病が流行しないように祈願する祭りとして広まった。天王祭には神輿を担いで地区を巡行することが多く、神霊の威力によって災厄を祓うという意図を読み取ることができる。

祭りの重層性 　村にはいくつもの神が祀られており、それぞれ祭りが行われる。一つの地区を中心にみてみれば、祭りは重層的に執行されているといえる。そこで長野県諏訪市湖南のM地区の御柱（みはしら・おんばしら）祭を中心にみてみよう。

ここでは産土様と呼ばれる神社があり、またマキと呼ばれる同族集団でも祝神（いわいじん）という祠を祀っている。またマキの中でも1戸で祝神を祀る家もある。

　さて御柱祭とは、諏訪大社において山林から伐り出した大木を、大社境内の四方に建てる祭礼である。同時に宝殿という社殿の造り替えが行われ、「式年造営御柱（みはしら）大祭」と称されている。諏訪大社は諏訪市と茅野市に上社、下諏訪町に下社があり、さらに上社は前宮と本宮、下社は春宮と秋宮に分かれて存在している。そしてそれぞれ4社で、寅と申の年に御柱祭が執行されるのである。すなわち御柱は1社で4本建てられるわけであるから、合計で16本が建立される。このように毎年ではなく、一定の年毎に行われる祭りを式年祭という。

　御柱祭は諏訪大社だけでなく、諏訪地方では各地区の神社でも執行され、また祝神などの小祠でも行われる。大社以外の御柱祭を諏訪地方では「小宮（こみや）の御柱祭」と称される。諏訪大社の御柱祭は、4月に山から里へと御柱を曳き出す「山出し」が、5月に里を曳いて大社境内に建てる「里曳き」が行われる。山出しでは、M地区ではバスを仕立て皆で八ヶ岳山麓の綱置場に行き、担当する御柱を里まで曳く。また里曳きにもそれぞれ誘い合って出かけ、御柱を曳いたり、大社境内に建てる建御柱祭に参加する。御柱祭の役員は地区のために連絡をしたり、休憩所を設けたりなどする。

　5月の御柱祭が終わると、8月から9月にかけて地区の産土社の御柱祭がある。小宮の御柱祭である。組毎に担当する御柱を決め、大社と同様に山出しと里曳きを行い、神社の四隅に御柱を建てる。小宮の御柱祭は、主に子どもたちを楽しませるという要素が多い。その後、10月になるとマキの祝神御柱祭がそれぞれに執行される。

写真 11-1　御柱祭（長野県下諏訪町）

マキの子どもたちが御柱を曳き、大人が祝神の小祠の四隅に建てた後、それぞれの家族が公民館に集まって宴会となる。また、1戸で祝神を祀っている場合にはさらに家々で御柱を建ててお祝いし、組で祀る山の神や水神にも、組の役員が御柱を建てに行く。このように、諏訪大社—産土社—組の神—祝神と、祭祀集団が狭まる毎に時期をずらし御柱祭が執行されているのである。御柱祭の年だけでなく、祭りは毎年執行されているが、御柱祭を通してみてみると祭りの重層性が浮かびあがってくる。諏訪地方でなくとも、重層的に祭りが執行されることは認められ、小地区や祭祀集団に視線を向けて祭りを検討することも重要である。

都市の祭りと伝播　都市の祭りは、祭事が拡大し祝祭化したところにその特徴がある。松平誠は、都市祭礼の変化を「祭礼の祝祭的部分がかつての固定的な祭礼集団の外側に向って大きくはみだしていることを示している」と指摘している。演者と観客、そして主催者が過去の枠組みをこえて無数の縁のネットワークでつながっているという（松平［1985：146］）。そうした都市の祝祭として阿波おどりが挙げられる。阿波おどりは徳島の祭りであるが、全国に広まっている。特に東京都高円寺の阿波おどりはよく知られており、昭和32（1957）年に商店会青年部がはじめた。次第に地域をこえて参加者が増え、さらに都市周辺の商店会や区、市の祭りに取り入れられるようになった。阿波おどりには本来自由さがあり、高円寺ではそれを取り入れ、地域外の集団など外部に開放することで現代の都市祭りへと飛躍したのである（松平［1990：242-320］）。

　高知市のよさこい祭りも広く全国に伝播している。よさこい祭りは、昭和29（1954）年に行政（商工会議所）の主導ではじめられた夏祭りである。祭りの中心は鳴子おどりと呼ばれるパレードである。内田忠賢によれば、当初郷土芸能やイベントの寄せ集めだったよさこい祭りは、パレードというストリートパフォーマンスが主になり、地縁の祭りが社縁、選択縁の祭りへと進化したという。こうしたよさこい祭りは、平成4（1992）年には北海道札幌市に「YOSAKOIソーラン祭り」として伝播した。その後、全国各地の都市でよさこい祭りが取り入れられるにいたっている。内田は、その伝播現象、伝播地点に共通するのは、「第一にイノベータたる人物がいる点、第二に舞台に都市的地域が多い点であり、第三に地元に既成の祭りがない、あるいは新しい祭りを模索している点」を指摘している

(内田［2003：163-168］)。

　踊りを中心とする祭りとして広まったものとしては、他にエイサーがある。エイサーとは沖縄で旧盆に踊られていたいわば盆踊りであるが、沖縄市では昭和31（1956）年にコザ市誕生を機に全島エイサーコンクールがはじまり、その後「全島エイサーまつり」として沖縄市や沖縄本島各地の青年会など多くの団体が参加している。そして、昭和50（1975）年に大阪で「関西沖縄青少年の集い」（がじゅまるの会）が結成されると、その年の9月に大阪市大正区でエイサー大会が催された。当初は、沖縄県出身者高年層の中には、沖縄の祭りを執行することに反対する意見もあったというが、回を重ねる毎に多くの賛同を得て毎年続けられている。エイサーは東京都やその他各地でも沖縄県出身者を中心にグループが結成されて、祭りが催されている。

団地の祭り　昭和30年代以降、各地に団地が建設され、ニュータウンが出現した。そして団地においても祭りが行われるようになった。団地やマンションの祭りには、地域の神社祭礼に一つの氏子区として参加するかたちと、団地自治会が独自に執行している場合とがある。後者の例として東京都板橋区の高島平団地についてみてみよう。

　高島平団地は、徳丸田んぼ・赤塚田んぼと呼ばれた水田地帯であったが、昭和47（1972）年に大規模な住宅団地として誕生した。高島平三丁目自治会は翌昭和48（1973）年に結成された。その年から隣の高島平二丁目団地自治会と共催で夏祭りを行ってきた。さらに、昭和51（1976）年から三丁目自治会独自に納涼ビアパーティを団地内で催すようになり、それを基盤に昭和58（1983）年に「三丁目夏まつり」が催されるようになった。その年は自治会結成10周年に

あたり、第1回はその記念行事でもあった。

毎年6月に夏祭り実行委員会が結成され、準備がはじまる。夏祭りは8月20日前後の金曜から日曜の3日間行われる。夜7時ごろからバンド演奏などがはじまり、子どもたちのためにビンゴゲームが3日間ある。その後、やぐらの周りをまわる盆踊りや太鼓の実演、花火などが催される。また、会場の周りには自治会サークルによって多くの夜店が出店される。3日目の日曜日には、午後1時から子どものための神輿担ぎが行われる。神輿担ぎは昭和63 (1988) 年からはじめられたが、神輿は自治会制作の樽神輿であり、曳くのは樽を乗せた山車である。担ぐ前には近隣の神社の神官によって御霊入れの神事が行われ、巡行が終わると御霊抜きが行われる。かつてはすいか割りなどの子ども行事であったが、祭りには神輿担ぎがふさわしいという考えからはじまったといい、ここではじめて信仰的な要素が加わったことになる。

団地祭りは子どもたちに「ふるさと意識」を持たせようという意図があり、子どもを対象とした催しが多くみられる。神輿担ぎも大人がイメージした村祭りであった。また、団地祭りには周辺の自治会から役員が挨拶に訪れ、自治会同士の交流の場ともなっている (牧野 [1997：496-507])。団地の祭りを明らかにすることによって、都市社会における社会関係の一側面が浮かびあがってくるのである。

ハレとしての祭り

柳田以来、民俗学ではハレとケという分析概念が用いられてきた。ハレとは晴着などといったときのハレで、非日常や特別のときを意味し、ケは日常や普段を意味する。祭りや年中行事はハレであり、日常の生活とは明確に区別される。こうしたハレとケの対立した概念に、ケガレという概念を導入した論が展開されている。

櫻井は、ケを農作業を可能にするエネルギー源として捉え、そのエネルギーが枯渇する状態がケガレだとした。そしてケガレを回復するのがハレの儀礼であり、ケからケガレ、ケガレからハレ、ハレからケというように循環する。また、ハレはプラスのハレと、不祝儀などのマイナスのハレがあり、神祭りはプラスのハレとして機能する（櫻井［1988：359-374］）。すなわち祭りや年中行事は、日常生活のエネルギーが減少したケガレの状態を、活力が充満した状態に回復するために執行されるということになる。現代の生活でいえば、仕事や学業を続けることで蓄積された疲労やストレスを、ハレである祝祭に参加したり観客となることで発散し、ご馳走を食べることで体力を回復する。そしてまたケである日常生活に復帰していくということになり、機能論として説明することができる。なお、ケガレの理解に関しては、さまざまな論議があり、波平恵美子は、ハレ・ケ・ケガレを三極に対立させ、それぞれ相互補完的な概念として民俗儀礼を理解する論を展開している（波平［1984：21-34］）。

暦と年中行事　年中行事とは、同じ暦時に周期的に繰り返される行事であり、家や村など集団毎に営まれるとされる。福田アジオは、関東地方では家を単位とする行事が中心であるが、近畿地方では村の行事が多いことを指摘している（福田［1997：141-164］）。年中行事は地域社会毎に特徴がみられ、それぞれ比較することによって個々の行事の意味が検討されてきた。日本では四季がはっきりしており、それに応じて農作業を行い、年中行事が配置された。年中行事は農作業を休む日でもあり、そういった日を総じてモノビとかセチ・トキ・カミゴト・オリメなど地域によってさまざまな呼称が用いられている。休み日に関してみれば、その期日や執行については地域社会内で定められており、祭りや年中行

事のように日が定まっているものと、農作業の折り目に行われるもの、臨時的なものなどがあった。臨時的な休み日には、若者が村役に要求して得ることもあった（松崎［2003：137］）。

1年の中で主となる行事は、正月と盆である。太陽の運行に基づく春分・夏至・秋分・冬至は1年を4分する。五節供は中国から移入され、江戸時代に普及した節供であるが、正月7日の人日は七草、3月3日の上巳はひな祭り、5月5日の端午は男子の節供、7月7日の七夕はタナバタ、9月9日の重陽はクンチの祭りとして執行されている。なお柳田は節供について、節という神祭りで供え物を共食することを意味し、後にその日の名称となったもので、「節句」ではなく「節供」と表記すべきとした（柳田［1969c：11-17］）。

さまざまな行事は暦に基づいて執行されるが、それには山に残った雪形によって時期を知るといった自然暦が、農作業において古くから用いられていた。また、月の満ち欠けによる太陰暦、太陽の運行による太陽暦があって、両者を併せた太陰太陽暦が用いられてきた。明治6（1873）年以降、太陽暦が採用されるようになったが、農作業とのずれが生じ、1カ月遅れで行事を執行して季節感を維持しようとした。たとえば、東京都板橋区赤塚でも、正月行事は新暦2月に行われていた。しかし、家族の中に学校に通学したり勤務したりする者が現れると、同時に新暦の1月にも少量の餅をつき新年を祝うようになった。さらに農作業が機械化され、収穫作業が早まった昭和30年代後半になると月遅れ（月送り）の2月正月は行わなくなっていった（牧野［1994：39-40］）。盆は7月の行事であるが、東京都など一部を除き、今でも多くの地域で月遅れの8月に営まれている。

年中行事の構造　　折口信夫は「日本では正月から十二月までを一つづきに一年と考へないで、六月を境に、一年を二期に分けて考へた」と述べ、7月にもう1度正月を繰り返す考えがあったとした（折口［1976：65］）。こうした考え方は一年両分性とか年中行事の二重構造と称され、正月と盆の類似性などが論じられてきた。これに対し田中宣一は、行事相互の関連性を基準として年中行事を分類している。まず年中行事を「継承・循環的行事群」（正月中の諸行事・亥の子・社日・事八日など）と「独立的行事群」に分け、後者をさらに①対置的行事群（正月と盆・春秋の彼岸・夏至と冬至など）、②間歇的行事群（二十三夜講・念仏講など）、③単独行事（初午・節分・節供など）に分類している。継承・循環的行事群は、農作業の各段階毎に行われていた儀礼が主となっている。このうち全国的にほぼ共通して存在するのは対置的行事と単独行事であり、暦の普及に伴って年中行事化したとしている（田中［1992：267-336］）。

　一年両分性の考えは、正月と盆の行事の共通性を中心に検討されてきた。東日本で大晦日に死者の霊を迎えて祀っていたことは『徒然草』にみえ、今でも東日本では御霊の飯と呼ばれる供え物をする風が残っている。つまり盆と同じく正月にも先祖祭りとしての性格があるとされている。また七草と七夕や、小正月と盆の日程的な対置関係など、共通性が指摘されている。田中は、行事の関連性を基準に両分性における正月と盆を検討し、正月行事の中には盆と期日だけの対応であったり、対置しない行事もあることを指摘し、それらは農作業に関連して行われていた行事で、暦制の導入や年初観の変遷によって現在の正月に引き寄せられたものであるとしている（田中［1992：303-330］）。

11 祭りと年中行事

正月の行事　正月の儀礼は、新しい年の開始儀礼である。つまり正月とは、古い時間や自然・文化認識が新たになり、前年の1年間に消費し、衰えた生活のエネルギーを充足するとともに、その年の可能性を示す儀礼的時間であるといえる。

正月は、元日を中心とする大正月と、1月15日を中心とする小正月に分かれている。地域によって前者を大年・男の正月などといい、後者を女の正月・望(もち)の正月・花正月などと呼んでいる。月の満ち欠けによる暦では15日は満月となり、農耕に関する行事が多くみられることなどから、小正月が本来的な正月であり、暦の普及とともに年神祭祀としての性格が強い大正月が成立したとされている(柳田［1969d：285］、田中［1992：374］)。ただ、こうした考えと異なる見解もある。小野重朗は、正月は10日を単位として構成されているとし、大晦日から正月10日までを「一次正月」、11日から20日までを「二次正月」として捉え、畑作的な一次正月が古く、稲作的な二次正月が追加されたと考えた。盆も同様に一次盆を水神農作盆、二次盆を祖霊盆と捉え、自然神信仰から祖霊信仰が起こって盛んになったことにより、二次盆が成立したとしている（小野［1992：405-447］)。こうした考えには暦の普及との関連などを考慮しなくてはならないという課題も残っている。

大正月は暮れの煤掃きからはじまり、元日の若水汲み・年賀行事・2日の仕事始め行事・7日の七草・11日の蔵開きと続く。小正月は14日を十四日年越しといい、15日にかけて削り花・繭玉・粟穂・稗穂など地域によって異なるが、モノツクリといってさまざまなものをつくる。またどんど焼きなどの火祭りも催される。20日は二十日正月とか骨正月などと呼ばれ、正月の折り目となっている。節分は立春の前日であり、この日も年越しと呼ばれる。正月は、

悪神を祓い年神を迎えて祭祀し、年賀行事を行うとともに、作物の豊かな実りの予祝行事を執行する機会であった。

盆の行事　盆は盂蘭盆会という仏教的行事であり、仏教や寺院の影響を強く受けた行事である。しかし、仏教が普及する以前から祖霊信仰の祭りが存在していたとされる。盆は7月1日（月遅れで8月の地域が多い）を釜蓋朔日といい、ホトケが蓋を開けて出てくるなどといわれる。そして翌月8月1日を八朔盆といったり、盆灯籠を盆月中立てることなどから1カ月にわたる行事とみることができる。盆に訪れるとされる霊は、祖霊が主であるが、祀り手のない無縁霊も同時に迎えられ、死後1年に満たない新霊は

写真11-2　新盆の高灯籠（千葉県袖ケ浦市）

特別に祀られる。千葉県上総地方では、新霊の盆を新盆(しんぼん)というが、高灯籠を庭先に立て、それを目当てに新仏がやってくるといわれる。立てるのは8月1日か7日、あるいは12日で、8月31日まで立て毎晩明かりを灯す。

7日は七夕であるが、七日盆ともいわれ墓掃除をするなど盆行事の一つである。また、この日に水浴びや女性の髪洗い、ねぶた流しをしたりと、水と関連する行事がみられる。また、関東地方の東部ではマコモの馬をつくる風があり、霊の乗り物とされる。盆の中心は15日で、盆棚をつくり、13日に迎えて15日か16日に送る。それぞれ日によって盆棚に供えるものが決められている。特にその時期に穫れた野菜や、そうめんなど小麦でつくったものを供えるのは、魂祭りと同時に収穫祭的な要素が含まれるとされている。盆送りには火を焚いたり、盆おどりが行われる。24日は関東地方では裏盆(うらぼん)、近畿地方では地蔵盆といわれ盆の終わりの行事となっている。

年中行事の変化　年中行事の変化を検討するには、さまざまな視点が考えられる。一つには、一定の地域に焦点を当て、行事の中で消滅したり、新たに加わったりした変化を検討することである。こうした研究としては田中による、神奈川県内一村落を対象とした考察がある。祠や神札など祭祀の対象物が明確な行事は、簡単に消滅することはなく、逆に対象物のない斎忌習俗と考えられる行事は消滅の度を高めているとしている。また、親類などが集まる行事は容易に消滅することはないが、その家だけで餅や団子などをつくる行事は、菓子類の普及とともに消滅していったという（田中［1992：508-509］）。埼玉県入間東部地区については、宮本袈裟雄の分析がある。特に正月と盆の諸行事に関しては、盆よりも正月行事の簡略、消滅が顕著であるとし、その要因として生活

の改善・機械の導入、門松や小正月の物作りのように手間がかかったり大がかりであること、藪入りなどのように行事を行う主体というべき存在がなくなったことなどを挙げている（宮本［1974：45-47］）。

年中行事は、生活様式の変化に伴って変容していることはいうまでもない。農作業が行われなくなれば、農耕儀礼的な行事はその意味がなくなり、徐々に消滅していく。一方、盆や彼岸など先祖祭祀的な行事は、墓や仏壇といった供養の対象があり、先祖を疎かにしてはいけないという意識や、寺院とのかかわりなどもあって継続される。正月も神棚など祭祀対象があり、餅を供えたりして年神を祀り、年始を祝うという意識もあって継続されている。しかし、農耕儀礼的な要素の強い小正月行事は、消滅度が高いといえる。過疎地域では若者や子どもが担っていた行事が、高年層で形式だけ継続していたり、消滅した場合も少なくない。しかし、消滅と継続だけではなく、行政や学校の行事が地域に定着したり、観光旅行や結婚記念日など新たに加わった行事にも注意する必要がある。

都市の年中行事　現代の行事に関する研究としては、農山漁村に限定せず、異なった出身地を持つ人々が集まった都市を対象としたり、無作為に家庭や個人を抽出して現代の年中行事を明らかにし、伝統的な行事と比較し変化を検討する視点などがある。石井研士によると、都市の年中行事の特徴としては、民俗学が対象にしてきた村落社会の伝統的な行事が欠落し、伝統行事がみられても意味が大きく異なっているという。また、海外から輸入された新しい行事が少なくなく、行事の実施率については女性が男性を上回っていると指摘している（石井［1994：30-31］）。そして、現代社会では所属する社会集団毎に年中行事が設定されており、そのサイクルである「年度」によって影響されている。つまり1年の

はじまりとして、正月とは別にもう一つ存在していることを示している（石井［1994：187］）。

クリスマスやバレンタインデーなどは実施率の高い行事となっているが、日本では本来のキリスト教行事とは関係なく展開していった。普及にはそれぞれの社会事情や製菓業者、デパートなど流通業界の思惑があったとされる。近年ではスーパーやコンビニでも年中行事用の品が売られている。節分の柊や五月節供の菖蒲、盆のオガラなど、都市では手に入らなくてやめたという人でも買い求めて再開したという例もある。近畿地方で行われていた、節分に恵方巻（太巻き寿司）を食べる慣習も、スーパーやマスコミなどの影響により今日では全国化している。こうした新しい行事は、商業ベースに乗って伝播しているのである。

団地の年中行事　団地の年中行事として、東京都板橋区の高島平団地の例をみると次のようである。これは平成8（1996）年に団地住民8人に対して実施した面接アンケート調査によるものである。このうち7人は女性で、主婦である。この調査によれば、年中行事を執行するのは主として妻であり、母であることが明らかになった。正月行事は初詣・雑煮・七草がゆなど全員が執行していたが、盆行事は3人が墓参りなどをしている程度で盛んではない。正月は勤務先や学校も休みで、雑煮をつくり家族で祝うという現状が見出せる。雑煮はさまざまで、関西出身の両親は関西風をつくって食べるが、子どもは好まないとして澄まし汁の「東京風」と認識する雑煮をつくっていたり、日を変えて夫と妻の出身地の雑煮をつくり分けているという家もある。盆には里帰りをする家が多かったが、子どもの成長に伴って団地で迎える家が増えてきた。家族に亡くなった人がいない場合は、単なる盆休みと認識

しているのである。その他、節分・彼岸・五月節供・七夕・十五夜・冬至などは比較的執行されているが、節供や七夕・十五夜などは子どもが中学生以上になると行わなくなったという人が多く、家族の行事は子どもの成長とともに変化している。クリスマス・バレンタインデー・母の日・父の日・誕生日・家族旅行なども調査では実施率が高い行事であった。ただし、クリスマスや誕生日・家族旅行などは子どもが成長すると行わなくなったという家も多く、子どもの思い出づくりのための行事であったともいえる（牧野［1998：137-139］）。

長野県上田市の団地を調査した倉石忠彦によれば、信仰や生業に基盤を持った行事は消滅し、子どもが主体となったり、参加したりする行事が盛んに行われていると指摘している。また正月や盆行事は、出身地や実家で行うため団地ではほとんど住民がいない状態になってしまう（倉石［1990：130］）。団地の年中行事にも地域性があり、また分譲、賃貸の別や入居者層によっても異なってくるのである。しかし、集合住宅の年中行事から現代の家族における生活リズムの一端がみえてくるのである。

生活のリズム　　倉石は、従来の年中行事と把握されるハレの部分だけでは多様化する生活リズムを明らかにできないとして、ケの部分も視野に入れた生活暦を提唱し、分析を試みている。現代都市生活のリズムには、自然の推移を基準とするものや、暦日を基準とする職域空間のリズムがあり、さらに商業的な活動により季節を先取りしたリズムがある。そうしたものが組み合わさり、幾層にも重なり合って都市のリズムが展開していると指摘している（倉石［1990：275］）。現代社会では、祭りや年中行事も生活様式の変化とともにさまざまに変容しており、多様な研究視角が必

要となっているのである。

引用文献

石井研士　1994年『都市の年中行事—変容する日本人の心性—』春秋社

内田忠賢　2003年「祭り—暮らしの中の祭りと地域への展開—」新谷尚紀・波平恵美子・湯川洋司編『一年』（暮らしの中の民俗学2）吉川弘文館、152-176頁

小野重朗　1992年『神々と信仰』（南日本の民俗文化2）第一書房

折口信夫　1976年「年中行事」折口博士記念古代研究所編『折口信夫全集』第15巻（文庫版）中央公論社、47-124頁

倉石忠彦　1990年『都市民俗論序説』雄山閣出版

桜井徳太郎　1987年『伝承の相貌—民俗学四十年—』吉川弘文館

櫻井徳太郎　1988年『民間信仰の研究』上巻（櫻井徳太郎著作集3）吉川弘文館

薗田稔　1988年「祭とマチ文化」井上忠司編『都市のフォークロア』（現代日本文化における伝統と変容4）ドメス出版、113-125頁

田中宣一　1992年『年中行事の研究』桜楓社

波平恵美子　1984年『ケガレの構造』青土社

福田アジオ　1997年『番と衆』吉川弘文館

牧野眞一　1994年「板橋の正月儀礼」板橋区史編さん調査会編『いたばし区史研究』第3号、板橋区、37-49頁

牧野眞一　1997年「団地の行事」板橋区史編さん調査会編『民俗』（板橋区史資料編5）板橋区、491-507頁

牧野眞一　1998年「高島平団地の生活」小西雅徳編『高島平—その自然・歴史・人—』板橋区郷土資料館、137-141頁

松崎憲三　2003年「休日」新谷尚紀・波平恵美子・湯川洋司編『一年』（暮らしの中の民俗学2）吉川弘文館、124-151頁

松平誠　1985年「祝祭都市の成立と変容」宮田登ほか編『都市と田舎』（日本民俗文化大系11）小学館、117-148頁

松平誠　1990年『都市祝祭の社会学』有斐閣

宮田登　1997年『正月とハレの日の民俗学』大和書房

宮本裟裟雄　1974 年「年中行事の変化」入間東部地区教育委員会連絡協議会編『埼玉県入間東部地区の民俗—年中行事の変化—』40-51 頁

柳田国男　1969 a 年「日本の祭」『定本柳田國男集』第 10 巻、筑摩書房、153-314 頁

柳田国男　1969 b 年「祭日考」『定本柳田國男集』第 11 巻、筑摩書房、181-248 頁

柳田国男　1969 c 年「年中行事覚書」『定本柳田國男集』第 13 巻、筑摩書房、1-177 頁

柳田国男　1969 d 年「新たなる太陽」『定本柳田國男集』第 13 巻、筑摩書房、179-299 頁

参 考 文 献

井上忠司・サントリー不易流行研究所　1993 年『現代家庭の年中行事』講談社現代新書

宮田登ほか編　1984 年『暦と祭事—日本人の季節感覚—』(日本民俗文化大系 9) 小学館

米山俊直　1986 年『都市と祭りの人類学』河出書房新社

柳田国男　1956 年『日本の祭』角川文庫

柳田国男　1977 年『年中行事覚書』講談社学術文庫

12 　民俗宗教の諸相

長谷部八朗

民間信仰から民俗宗教へ　「民俗」概念をどう把握するかについては、必ずしも統一的な見解があるわけではないが、日本民俗学では従来、地域社会に展開する生活文化を指すものと、おおむね理解されてきた。そして、その信仰的側面を、主に「民間信仰」と呼び、この学問の基底をなす対象領域と位置づけてきた。それは、日本民俗学の先駆者・柳田国男が、民俗調査による採集資料を有形文化・言語芸術・心意現象の3種に分類し、3番目の心意現象に人々の郷土生活を研究する上での根本的意義があるとしたことに、そもそもの端を発するといえよう（柳田［1990 b：370-373］）。

こうして日本民俗学は、柳田がいうところの郷土生活の研究を主要なテーマとしてきたわけだが、そこに展開される人々の信仰生活の現実は、はなはだ入り組んだ様相を呈している。無論地域差はあるにせよ、土着の信仰的伝統と仏教・神道などの諸要素が複合的に絡み合って形成された民間信仰のありようは、総じて諸地域間に通底する特徴とみなしうる。柳田は、しかし、こうしたシンクレティズム（重層信仰）をありのままに対象化するのではなく、成立宗教の要素に被覆された信仰の原形、すなわち「固有信仰」の遡及的抽

出を民俗学の主要目的に据えたのである。彼は、固有信仰に明確な定義を施してはいないが、この言葉を多用する反面、民間信仰という語はあまり用いていない。すでに述べたように民間信仰は複合的様相を呈しているものの、それが個々の要素の単なる寄せ集めであれば持続しない。それらの諸要素が人々の生活の時空で融合し、新たな信仰の世界をかたちづくっているのが多くの現実である。したがって、柳田が主要な研究課題と位置づけた固有信仰は、理論上は推論しえても、それを実体として把握することは、もとよりなしがたい構想であるといわねばなるまい。とはいえ、柳田のいわば原点回帰的な構想は、あとに続く民俗学者たちの民間信仰研究に大なり小なり影響を与えた。そのような観点からみれば、民間信仰は本来、仏教や神道などの制度化された成立宗教とは別個に対置されるべき対象ということになろう。

ところが、そうした民間信仰研究の趨勢に対し、新たな方向性を打ち出す研究者が出てくる。その最たる存在が、堀一郎である。堀は、仏教、神道をはじめ諸宗教・文化の混成の歴史を通して築かれたのが「今日の民間信仰の正常なる実相である」とする（堀［1955：26］）。

そして、とりわけ、仏教や神道などの成立宗教と民間信仰との境界領域で活動する神子や祈禱師、行者といった宗教者群の実態に光を当てることで、民間信仰研究に新境地を拓いたといえよう。だが、かくいう堀も結局は、成立宗教の優位性を前提とした民間信仰論の立場を払拭し切れなかった。

やがて1980（昭和55）年前後になると、民間信仰に代わって「民俗宗教」の用例が目につくようになる。そうした変化の契機として、従来の民俗学が、民間信仰の複合的現実を直視し、その意義を探究

する姿勢を十分にとってこなかった、という事実に対する省察の動きが民俗学者自身の側から出てきたことを挙げうる（桜井［1982：65］）。

　また宗教学の領域でも「宗教」概念再考への関心の浮上とともに、「民俗宗教」をめぐる論述が増えてきている（池上［2000：1-24］）。

　かくて「民俗宗教論」は、隣接学問を巻き込んだテーマへと間口を広げていった。

　こうした民俗宗教論の興起は、とりわけ次の2点において特筆されよう。一つには、民間信仰の複合性の解釈に関する視座の転換である。すなわち、このような複合性は、民俗を担う人々が成立宗教による侵食をもっぱら他律的に受け入れたがために生じたものではない。むしろ、人々がそれらの外来宗教の要素と在来の要素との融合を通して、自らの生活の時空を支える主体的な意味・価値の世界を再構成しようとする営みの所産なのだ、という認識の高まりである。そして二つめには、成立宗教と民間信仰の交流の全貌は、成立宗教の影響による民間信仰の変容のみでなく、民間信仰の影響によってもたらされた成立宗教の変容をも含めた、両者の動態を視野におさめなければ十分に理解しえないとの、いわば複眼的分析の重要性に対する自覚が深められた点を指摘しうる。従来、前者の実態研究に比べて、後者のそれは手薄な感を否めなかった。民俗宗教論の浮上は、こういった民間信仰に対する新たな認識の深まりと軌を一にしているといえる。隣接学問も含め、以上のように民俗宗教論への関心が増大する中で、民俗学は、一般の人々の生活に密着させつつ、そこに脈打つ信仰の複合的ダイナミズムを捉え直す作業を推し進める必要があろう。

寺社と民衆　そこでまず、これまで論じてきたような角度から人々の暮らしや生き方と宗教（信仰）との結びつきの具体相を知る好個の手がかりとして、大山をめぐる信仰（以下、大山信仰）を例に取りあげてみよう。

　大山は、天台宗・大山寺を中核とする諸社寺からなる中国地方屈指の山岳宗教の聖地である。主な信仰対象は「智明権現」だが、同権現は「地蔵権現」とも呼ばれるごとく、地蔵菩薩が仮の姿をとって現れた神であるとされる。このような考え方を「本地垂迹説」と称するが、大山は、こうした神仏習合の様相を濃厚に帯びつつ、天台密教の一大拠点としての歴史を歩んできた。

　しかし、これはあくまで成立宗教の側からみた大山信仰にほかならず、この一面をもって同信仰を捉え尽くすことはできない。その全容の理解は、一山組織を担う宗教者のみならず、同信仰を求め、支える信者・参詣者をも視野におさめてはじめて可能になるといえる。ここでは、大山信仰が、信者・参詣者たちの生活領域にいかに取り込まれているかを考えてみる。そうした観点からは、以下のような諸特徴がみえてくるだろう（三浦［1979：48-85］、長谷部［1990：263-288］）。

地蔵と他界　地蔵菩薩は、古来、現世および来世にわたり民衆を救済する菩薩として広く信仰されてきた。道祖神、六道輪廻に苦しむ衆生を救うという六地蔵、地蔵霊場をめぐる巡礼など、民衆に最も親しまれてきた信仰対象の一つといってよい。大山で特筆されるのは、智明権現のあらたかな霊験に諸々の人生・生活上の願いを託す現世利益信仰と同時に、山腹に「賽の河原」と通称される「他界」が形成され、特に子どもを亡くした親たちが、本堂で僧侶に供養をしてもらった後に河原に石を積み成仏を祈るこ

とが、参詣者の主要な目的となっている点である。死後四十九日目や三十三回忌の弔い上げを迎えると訪れる例がよくみられる。こうした供養のために参る人々は、鳥取県など山陰側にも認められるが、山陽側、とりわけ岡山県に多い。これらの地域では、当山を死者の赴く山と観念してきたのである。

また山麓の村々では、先祖供養のための「権現講」が形成され、当屋の家に講員が集まり、経文を唱えながら「数珠繰り」をする習わしが伝統的に続けられてきた。

農耕神・牛馬の守護神　大山では、古くから牛馬をめぐる信仰も盛んであった。江戸中期には山麓に「博労座」が置かれ、牛馬の市が立つようになる。そして諸地域に「大山講」が組織され、講の代参者が参詣し、牛馬の守護札を請けて帰り、講員の家々に配る。さらには、牛馬供養と豊作を祈念するため、「大山様」(智明権現)を田に迎え、神主や僧侶が祭司となって「供養田植」と称する行事を行ってきた。

霊水・水神信仰　大山ではまた、古来、「弥山禅定」と呼ばれる行事が催されてきた。例年、旧暦の6月15日、当番の僧侶が写経した法華経を持って山頂に登拝し、池のほとりにある経筒に納めた後、池の水を汲み、イチイ・ヨモギなどの薬草を採り、前年に納めた経巻を携えて下山する。これらは信者たちに分け与えられる。経巻は護符、池の水は霊水とみなされ、人々はそのご利益にあずかろうとした。だが、寺主催の行事はいつともなく姿を消し、代わって山内にある大神山神社奥宮に引き継がれ、「古式祭」(もひとり神事)と称される神式の儀礼に装いを変えて続けられてきた。そのため経巻の分与はなくなったが、薬草と池の水は以前同様信者に配られている。信者はその水を飲んだり風呂に

入れるなどする。

　加えて大山は、水神信仰でも知られる。麓の赤松池には大蛇が棲むとのいい伝えがあり、特に岡山県下では、池の水を汲み大山寺で祈禱をしてもらった後、持ち帰って雨乞い祈禱に用いる例が広くみられた。この池の源流は大山に発しているとされる。

所願成就の信仰　智明権現にまつわる奇瑞譚は、鎌倉後期の作と伝えられる『大山寺縁起』の随所にみられ、同権現による救済信仰の歴史の古さを物語っている。そうした権現の霊威を背景に加持祈禱の儀礼を修するのが、山内の密教僧たちであった。信仰圏は、中国地方を中心として広域に及ぶが、中でも山麓の農村地域に対しては、五穀豊穣、日和乞い、雨乞い、風止み等々の祈禱が盛んに行われた。現在では、人生・生活全般にわたる祈禱を求める人々が遠近問わず登拝してくる。

　大山における霊験あらたかな信仰対象は、智明権現に限られるわけではない。山内には、八大竜王・山王権現・下山明神ほか多彩な神仏が祀られてきたが、下山明神はとりわけ篤い信仰を集め、今日でも同神に祈願する人々はあとを絶たない。その理由は、同神がきわめて強い霊威の持ち主と信じられてきたからである。当の社前には参拝者が記帳するためのノートが置かれているが、そこには、住所・氏名に加え、人生・生活の諸般にわたる願い事が記されている。『下山縁起』などの史料によると、同神の起源は近世にさかのぼり、美作国（岡山県）の下山源五郎なる人物が大山登拝の途中殺害され、祟るに及んだこととされる。そして、その怨霊が白狐と化してある人に憑き、智明権現との縁浅からぬ云々と託宣したことがきっかけで、大山の末社として祀られるにいたったと伝えられる。こうして下山明神は、強い怨念をはらんだ死者を神に祀り、激しい霊威をプ

ラスの力に転化せしめ、守護神化するという典型的な「御霊信仰」の歴史を歩んだのである。

　もとより天台宗屈指の寺院・大山寺を核に展開されてきた大山信仰であるが、以上のごとく、ひとたびそれを受容する民衆の側に目を移すならば、彼らの生活と密接かつ多面的なかかわりを持つ信仰の実態が浮上してくる。ただ、こうした信仰のかたちは、大山特有のものというわけではない。むしろ、程度差はあれ広範に見出せるにもかかわらず、従来の民俗学では、このような成立宗教の含み持つ民俗宗教の側面を必ずしも十分に究明してこなかった。

　以下では、かかる成立宗教との関連に留意しながら、民俗宗教の主要な特徴を2、3の観点から述べてみたい。

神と仏　古来、日本に形成・展開されてきた神観念はきわめて複雑多彩な内容を呈しつつ今日に及んでいる。神木・石神・水神・風神・雷神などの自然崇拝、土地神（地主神）・田の神・山の神・屋敷神・生業神などの生活空間にまつわる神、人間を信仰対象化した人神、さらには由緒や縁起が整えられ、広く名の知れた神にいたるまで、さまざまな性格の神々を包含している。しかも知られるように、外来の仏教が日本に受容・定着する過程で、神観念はその影響を受け、変容を遂げた。一方、仏教もまた、在来の神観念を取り込んで日本的特徴を帯びてゆく。こうした「神仏習合」の結果、「権現」「明神」あるいは「稲荷」のように、神道か仏教かと一元的に類別しえない信仰対象も種々生み出された。

　こうしてみると「神仏習合」は、日本宗教の歴史を理解する上で重要な鍵を握る現象であることがわかる。そうした現象を仏教側は先述のような仏教優位の「本地垂迹説」によって説明してきた。それに対して神道側からは、中世以降の諸流派形成に伴い教義が整え

られるにつれ、神道の優位性を説く反本地垂迹的な主張の出現をみるにいたる。

　だが、地域社会に息づく神仏の実像は、こういった立場からは十全に捉えることができない。そこでは、信仰対象の出自が神道か仏教か、あるいは神と仏のどちらが優位かなどは、さして重要な問題ではないのである。一例を挙げれば稲荷がそうであろう。稲荷は民間に広く流布した神の一つだが、それが伏見稲荷大社の系統か、豊川稲荷や最上稲荷のごとき仏教系統かは、決定的な意味を持たない。どの系統であれ、農業神や屋敷神などの性格を有する「お稲荷さん」として受け入れられているのが実状である。地域社会に神仏が受容されるか否かは、優れてそれらの霊験あらたかさによるところが大きいといえる。大山の智明権現はその好例であった。大山が広域にわたる信者・参詣者を吸い寄せうる求心力こそ、智明権現のたぐいまれな霊威にほかならない。加えて、智明権現をめぐり着目すべきもう一つの点は、信者・参詣者の側ではたいがい、同権現を「大山様」とか「大山地蔵」などと呼び習わしてきた事実である。しかも農業神・家畜の守護神・水神等々、個々の地域の生活に即した信仰対象と化している。要するに有力社寺に祀られる神仏が地域社会と接点を結ぶに際して、当該社会の人々の視座から再解釈され、彼らの生活を反映させるかたちで新たな意味を与えられる。地域社会では、このようにして外部から将来された神々と土着の神々とが多様なかたちをとって併存しているのが、通例である。そして、それらの神々がいずれも、個人・家族・共同体の暮らしを安穏に続ける上で欠かせない加護をもたらしてくれる対象とみなされているのである。

　さらには、日本人の神観念を構成する重要な要素として、人を崇

拝対象とみなす伝統の存在にも目を向ける必要があろう。この信仰は、およそ二つの形態に大別しうる。一つは、人を神として崇める、いわゆる「人神」信仰である。人神には、生者を神聖視する場合と死者を神に祀る場合とが含まれる。そのうち、後者の死者を神格化する契機には、遺恨・遺執を抱いて亡くなった人の慰霊や、生前に徳を積んだ人の顕彰などがみられる。大山の下山明神は死者の怨念を慰めるために神に祀られた例である。二つめには、先祖崇拝が挙げられる。日本人は伝統的に、家族・親族の成員と系譜が連なり、かつ祭祀の対象とされてきた先代以前の死者（それも、長男）を総称して「先祖」と呼んできた。中には、家を開創した初代を特別に祀るケースもみられるものの、集合霊としての先祖観がより広く浸透し、「先祖代々（累代）の墓」を墓地内の中心をなす墓標とする祭祀形態が一般化した。すなわち、先祖崇拝は、家継承を支える主要な原理として機能してきたのである（第9章参照）。

ところで柳田は、死者（死霊）は祀り続けることで祖霊から先祖へと移行し、家や子孫を守護するカミ（神）の性格をそなえるにいたるとした（柳田［1990a：130-133］）。このような先祖のカミ的性格は、氏神、土地神、あるいは田の神のごとき生業神などに投影されていった。その結果先祖は、人々の生活の諸相を守護する存在と観念されるに及んだのである。

先祖はまた、ホトケ（仏）と呼び習わされてきたが、柳田は、それに対する仏教の影響を否定する。しかし、語源学的意味はともかくとして、仏教の民間受容と人々の先祖観の内実との間に密接な関連がみられることは、疑いの余地がなかろう。とりわけ、仏教が「供養」という慰霊行為を重視し、積極的に実践したことが、人々の先祖観のありように与えた影響は大きい。たとえば、年忌法要を

積み重ね、やがて三十三（五十）回忌の弔い上げ（最終年忌）を機に祖霊から先祖に昇華するといった観念の普及は、僧侶・寺院の活動によるところが大であるといえよう。

かくて日本人の先祖観の歴史的変遷の過程で、カミとホトケは分かちがたく結びついたのである。後段で「来訪するカミ」について述べるが、ホトケにもその性格が反映されていった。盆行事における迎え火・送り火はそれを端的に示している。盆・正月は元来、精霊・歳（年）神などと称される先祖を迎えるときであるとされてきた。だが、仏教が死者儀礼の主要な担い手となるにつれて、ホトケは、後述のような「来訪するカミ」の要素をとどめつつも、常在視される側面をもそなえていった。それをよく物語るのが、仏壇に位牌を安置する先祖祭祀の普及であろう。核家族化の顕著な今日、仏壇を持たない家の割合が高まったのは事実だが、しかしその一方で、仏壇を保有する家では、仏前に飯や水を供え、線香をあげるのを日課とする例が今もなお根強く生きている。仏壇と位牌をセットにした祭祀形態の定着は、先祖を身近にイメージすることを可能にしたといえよう。

祈願・祈禱と占い

神仏などの超自然的対象に何らかの願い事の達成を祈る行為は、一般に祈願あるいは祈禱と呼ばれる。こうした行為には、願主や関係者自らの手でなされる場合と、しかるべき宗教者を介してなされる場合とがある。前者の例としては、神仏に合掌・拍手しつつ祈念する素朴な行為はもとより、水垢離を取ったり、お百度を踏んだり、絵馬を奉納するなど、多種多様な方法が認められる。また後者は宗教者が専門的な手法を用いて儀礼を執行するわけだが、かかる宗教者には、神主や僧侶など成立宗教側の人もいれば、民間の巫者・祈禱師・行者なども

シャーマン COLUMN 12

　私たちはよく、運が向くことを「ツキが回ってきた」とか、調子のいい音楽を「ノリがいい」などと表現したりする。この「ツキ」や「ノリ」といった語は、もともと、ある人や物に霊的な存在が「憑く（乗る）」状態を指すといわれる。今日、そのような認識に立ってこれらの言葉を用いることはまずないかもしれないが、私たちは、かかる伝統的な文化の枠組みに即した思考や表現を、無意識的かつ日常的に行っている場合が少なくない。こうした、いわば「憑霊文化」とも呼びうる精神文化の一面が、日本人のものの見方・考え方に連綿と生き続けているのである。その「憑霊文化」の担い手には、イタコ・ユタ・ミコ・行者・祈禱師ほか多彩な存在がみられる。シャーマンとは、この種の、霊的存在（神霊・生霊・死霊など）と直接的に交流しうる人物をさす学術用語である。日本語では、巫女・巫覡・巫者などと称している。

　シャーマンの霊的交流の形態には、上述の「憑霊」タイプのほか、シャーマン自身の霊魂が肉体を遊離して他界へ飛翔・遍歴する「脱魂」タイプがあるとされる。日本では、前者の形態が中心とみられている。

　シャーマンに対し、神主・僧侶・牧師・神父などの宗教者をプリーストと呼んで区別する。しかし実際には、両者を単純に対置させることはできない。プリーストの中にもシャーマン的な性格をそなえた例は種々見出せるからである。仏教では祈禱技能を修得した特に密教系や日蓮系の僧侶、神道では憑物落としのような祈禱法を操る神主がみられるが、いずれもシャーマンとプリーストの両面をあわせ持っている。また、僧侶や神主の資格を有さない民間のシャーマン的な人物の中にも仏教・神道の儀礼要素を取り入れている例が認められる。こうしてみると、シャーマンとプリーストの両概念がダイナミックに交錯し合う領域にこそ、日本の民俗宗教の特徴を究明する一つの重要な手がかりがひそんでいるといえよう。

含まれる。このうち宗教者が介在せず、もっぱら願主やその関係者によってなされる祈りの行為は概して祈願と呼ばれ、宗教者主導の儀礼化された祈りの行為は祈禱と呼ばれることが多いようだが、し

かしそれはあくまで一般的な傾向であって、両者は必ずしも判然とは区別しがたい。たとえば、山口県の萩から四十数キロメートル隔たった日本海上に位置する見島では、「後祈禱」と称される、病気回復を祈る儀礼が行われてきた。病人の近親者や地区の人々が「観音堂」と通称される村持ちの堂宇に集まり、銘々合掌しつつ「観音様（正観音）」の守護を祈念する。在家の篤信者が先導役を勤める場合もあるが、リーダー不在のかたちでなされることも少なくない（長谷部［1989：50-53］）。

ともあれ、ここで着目したいのは、民衆が祈願・祈禱の多様な様式をそなえ、それを通して神仏と彼らの人生・生活の諸位相との密接にして多面的なつながりを求めているという事実である。とはいえ、神仏とのそうした広くかつ深い結びつきは、共同体内の限られた信仰施設を対象とするのみでは十分になしえない。そこで人々は、共同体外の社寺や聖地をも信仰対象化していった。伝統的な地域社会は閉鎖性の強い内向きの社会とみなされがちであるが、住民たちの信仰行動は決してそのような一面的な見方では捉え切れないダイナミズムをそなえているというべきであろう。

ところで、人々の人生・生活と密着した信仰行為として、占いもまた見過ごすことができない。占いには従来、農作物の豊凶をはじめ地域社会全体に関係した事柄を判断する「年占」や個人の当年の運勢を占う「おみくじ」その他、さまざまな種類が存在した。占いとはそもそも、ある行為や現象の現れ方の背景に超自然的な意思・力が作用しているとの前提に立ち、そうした作用の内容を一定の基準に沿って判断する方法である。したがって、それは単なるテクニックではない。超自然的な領域に働きかけるといった意味では、一種の信仰行為であるとしなければならない。

占いはさらに、それだけでは必ずしも完結しない行為ともいえる。占いの結果が凶と出たならば、それを回避し、あるいは好転させるために、人々は祈願・祈禱をねんごろに行うだろう。また、たとい吉と出ても、その後のさらなる順調を期して神仏に祈る場合が少なくない。こうして、占いと祈願・祈禱は表裏をなして実践されやすいといえる。

祈願・祈禱に関連して、「護符」も重要な意義を有している。神仏の守護により、病気や災難を防いだり除いたりすることができると信じられているのが護符であり、たいがい木や紙などでつくられる。神社や寺院で祈禱によって神威・霊威を移し込められたものを、玄関や家内の柱に貼ったり、神棚・仏壇などに安置したりする。これらは一般に「お札」と呼ばれる。他に携帯用の小型のものを「お守り」と呼んで区別している。さらには服用する護符もみられるが、これは特定の病難に効果があるとされる例が多い。護符はこうして、安置・携帯・服用などさまざまなかたちで用いられている。また、人々が護符に求めるご利益の内容も多岐にわたり、家内安全・無病

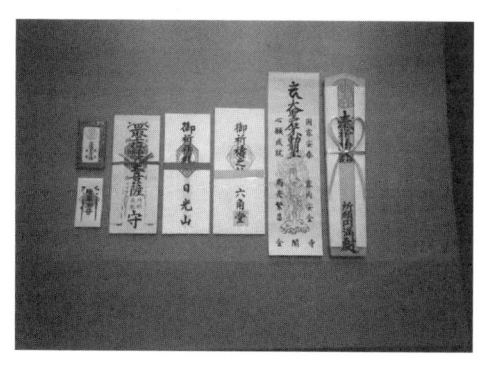

写真 12-1　さまざまな「護符」

息災・商売繁盛・五穀豊穣等々、種々の願いが託されている。いずれにせよ護符は、社寺などで祈禱を施し、超自然的な力を付与されることで、一定の機能を発揮しうるわけである。こうした護符に対する信仰は、今日なお盛んである。護符の民衆社会への浸透は、神仏と人々との生活密着的な結びつきをより深める結果を生んだというべきだろう。

参詣と勧請　都市の住民においては、祈願・祈禱行為は個人レヴェルでなされ、しかも地元に限らず、広範囲の信仰対象にまで足を運ぶ傾向が強いのは容易に想像しうる。それに対して、村落の場合はどうか。前述のように、総じて伝統的な地域社会は、外部社会との接触・交流の機会が限られた、閉鎖的な、それだけに変動の少ない社会であるといわれてきた。したがって、とかく活気の失われがちな共同体の生活をいかに賦活するかという問題と、常に向き合わねばならなかった。その方途を伝統社会がどのように見出したかを探究することは、民俗学が従来着目してきた重要課題の一つであるといってよい。そうした研究のさきがけをなしたのが、折口信夫であった。折口は、海の彼方の常世と呼ばれる他界から訪れる超自然的存在を、「まれびと」と称している（折口［1975：3-62］）。「まれびと」は定期的に共同体に来訪し、恵みを与えてくれるという。具体例を挙げれば、小正月に鬼の面をかぶって家々を訪れ、祝福の言葉を述べるナマハゲ（秋田県）、豊年祭りに赤や黒の面をかぶり、家々を訪れ、祝福するアカマタ・クロマタ（沖縄県）などがある。他に、漂泊の宗教者・芸能者、あるいは巡礼者のような「異人」も、共同体に新たな活力を与える存在とみなされ、歓待された。これを図式化すれば、〈外→内→外〉となろう。すなわち、共同体外から神や人が去来して恵みをもたらす場合である。

これまで民俗学では、この側面をとりわけ重視してきたといえよう。

しかし、伝統的な共同体をめぐる内と外の関係は、この側面からのアプローチのみでは捉え切れない。共同体内の成員が、当の社会を出て外在する力を内部社会に取り入れる。言い換えれば、〈内→外→内〉なる図式で示しうる側面もまた、実は大きな役割を果たしてきたのである。ここでは、この一面を取りあげてみたい。

まず、こうした図式で説明しうる実態を、大山信仰を例にみてみよう。先の通り大山では、死者の慰霊・供養のため、おおむね死後四十九日目、さらには三十三年目の最終年忌を迎えると参詣し、寺で回向をしてもらったり、山腹の「賽の河原」で石積みをする習わしが盛んである。また、さまざまな願い事の成就を期して寺で祈禱をしてもらう人も少なくない。これらは個人的に参詣する例であるが、他方、講集団を結成し、その集団を介して参詣するかたちもみられる。伝統的に村落共同体では、多様な講集団が形成され、共同体成員の信仰生活を支える主要な役割を果たしてきた。講集団には一般に二つの形態が存在する。一つは、地域土着の水の神・田の神・産土神などを信仰対象とするもの。もう一つは、外部の社寺とかかわりを持つものである。大山に関していえば、中国・四国地方にかけて「大山講」が結成され、代参者が牛や馬の守護を願って参詣し、祈禱

写真 12-2　大山山中の「賽の河原」

札を請けて帰り、それを講中に配布することが行われてきた。代参者を立てて遠隔地の社寺を参詣する講を民俗学では「代参講」と呼んでいるが、この種の講は、伊勢講や熊野講をはじめ多岐にわたり、広く各地でその活動が認められる。

　上述の大山の例にもみられる通り、社寺参詣の主要な目的の一つに、祈禱札の勧請がある。持ち帰った札は、神棚や仏壇あるいは屋敷内の小祠などに祀られる。このように社寺参詣に際しては、祈禱札の勧請をしばしば伴うのである。「勧請」とは、一般に、神仏の分霊を本来祀られている場所から別の地へ移して祀ることを意味する。具体的には、地域の氏神・鎮守や寺、ないしは個人の屋敷の一角に小祠を設け、そこに分霊を祀る。祠堂を設けるにあたっては、神主や僧侶、行者、祈禱師などの宗教者を介して祀り込める儀式が行われる場合が多い。だが、その後は個人や代参者が本拠地の社寺へ参詣し、祈禱札を勧請してきて当の祠堂に安置するかたちがよくみられる。

　以上のような勧請という信仰行為の一般化は、民俗宗教の世界に、外在する神仏の発する超自然的パワーを送り込む重要な回路を提供することとなった。すなわち、外部社会に祀られる霊験あらたかな神仏を、勧請を通して当該社会に迎え入れ、地域の生活に即して再編成する。いわば、成立宗教側の権威づけられた祭祀対象を民俗宗教の視座から捉え直すわけである。

　結局、人々は、祭祀対象の「神格」を信仰するのではなく、優れてその「神威」「霊威」を信仰するのだといえよう。

　祈禱札はまた、外部の宗教者によってもたらされる場合もあった。歴史的には、伊勢の御師・熊野比丘尼・高野聖などが、そのような例としてよく知られる。「異人」は外部から超自然的な力を将来す

る存在とみなされたが、そうした力の媒介物として、勧請札が大きな役割を果たしていたことがわかる。

　なお、社寺参詣をめぐって「巡礼」にも触れる必要があろう。巡礼とは、複数の聖地・霊場を巡拝する行為だが、日本では、特定の神仏や祖師などなんらかの原理に基づいて構成された聖地・霊場をめぐる場合を指すのが通例である。弘法大師ゆかりの寺院を巡拝する四国八十八カ所や、西国三十三所の観音霊場をはじめ、多くの巡礼地がみられる。これらの聖地・霊場を巡拝する巡礼者も、かつては「異人」の一種とみなされ、歓待されたり、時には排除の対象となった。今日でも巡礼は盛んに行われている。しかも巡礼者は、若い世代も含め幅広い年齢層にわたっているようである。心の拠り所を失いがちな現代の社会状況を映し出しているといえるのかもしれない。

　本章の冒頭で、民俗宗教研究は、今日転機を迎えつつあると述べた。すなわち、同宗教の持つシンクレティックな実態を非体系的で錯雑とした現象とみなすのではなく、その多面性にこそ同宗教の存在意義が内包されているのだとする見方の高まりを指摘した。要するに、研究対象に向ける視座の変換の動きである。加えて、民俗宗教研究はもう一つの意味においても転機に立たされている。研究対象そのものの変化という問題である。現代社会のめまぐるしい移り変わりに伴い、人々の生活様式は平準化され、もはや単純な都市対農村の二元論で現実を説明し切れなくなってきているのは、周知の通りである。そうした、激しく様変わりする時代状況の中で、上述の参詣行動にとどまらず、およそ民俗宗教の諸相がどのような変貌を遂げているのかも、自覚的に追究されねばならない。

引用文献

池上良正　2000年「宗教学の方法としての民間信仰・民俗宗教論」『宗教研究』第325号、日本宗教学会、1-24頁

折口信夫　1975年「國文学の發生」(第三稿)『折口信夫全集』第1巻、中央公論社、3-62頁

桜井徳太郎　1982年『日本民俗宗教論』春秋社

長谷部八朗　1989年「離島生活と病気―見島・宇津村民における病因観と治病行動―」『日本民俗学』第178号、日本民俗学会、27-60頁

長谷部八朗　1990年「伯耆大山信仰」坂田友宏編『日野川流域の民俗』(文部省特定研究経費研究成果報告書)

堀一郎　1955年『我が國民間信仰史の研究2　宗教史編』東京創元社

三浦秀宥　1979年「伯耆大山と民間信仰」宮家準編『大山・石鎚と西国修験道』(山岳宗教史研究叢書12) 名著出版、48-85頁

柳田国男　1990a年「先祖の話」『柳田國男全集』第13巻、ちくま文庫、9-209頁

柳田国男　1990b年「民間伝承論」『柳田國男全集』第28巻、ちくま文庫、247-506頁

参考文献

佐々木宏幹　2002年『〈ほとけ〉と力―日本仏教文化の実像―』吉川弘文館

佐野賢治ほか編　1996年『現代民俗学入門』吉川弘文館

堀一郎　1951年『民間信仰』岩波書店

宮家準　1989年『宗教民俗学』東京大学出版会

補章　北海道民俗・沖縄民俗の特徴

舟山直治（北海道民俗）
塩月亮子（沖縄民俗）

北海道の民俗　　北海道には、青森県以南からの和人（日本人）の移住、定着あるいは寄留の歴史が遅くとも 14 世紀以降にみられるほか、またそれ以前からもアイヌ民族などの先住の人々の文化が存在する。道内において先住民と移住民は、武力衝突、交易、同化政策など、さまざまな異文化接触を伴いながら今日にいたっているといえる。さらに、近代以降には、国家的な施策により全国から入植者を募り、農業開拓などを推し進めた結果、46 都府県からの移住によって人口が急激に膨らんだのである。

このような歴史的な背景を持つ北海道の民俗は、一つには異文化接触により相互に影響を受け合った文化、二つには近世期の北前船交易による畿内および日本海沿岸地域との交流でかたちづくられた文化、三つには国内のいろいろな風土で培った生活習慣を移住後に伝承した文化、四つには積雪寒冷地という北海道の厳しい自然環境に適応して形成された文化、といったものが広い風土の中で地域毎の特色を持ちながら、かつ各時代の暮らしの中に重層的に見え隠れしている。そして、これがまさに日本の民俗の北端における特徴を示す事例といえるのである。

ところが北海道の民俗は、日本民俗学から長く蚊帳の外に置かれていたともいえる。このことは、日本の各民俗調査の分布図に北海道島がないものや、あるいは、含まれていたとしても、東北6県に新潟県を加えたよりも広い面積であることなどが考慮に入れられず、一律に他府県と同様の調査地件数となることから、分布点の数に表れることが少なく、結果的に北海道だけ白地図のようになっていることからも理解できる。このような状況の中で、道民の民俗調査が本格的に動きはじめるのは、北海道開拓記念館が開館（1971〔昭和46〕年）し、民族、生活史、産業史などの専門分野によって行われた地域調査や、『北海道を探る』の創刊（1982〔昭和57〕年）にみられるように、宮良高弘らによる北海道みんぞく文化研究会が、移住地と母村という視点から活発に調査活動を進めてからであった。

　しかし、それまで北海道の民俗の特徴の一つである先住民と移住民の民俗について取りあげたものがなかったのか、というとそうでもない。これらについて最も早く取りあげたのは、天明8（1788）年から寛政4（1792）年まで松前に滞在した菅江真澄である。当時の北海道は、図補-1にあるように、西の関内、東の汐首岬を結ぶあたりに和人地と蝦夷地の境界があって、城下の松前を中心として和人が居住する和人地と、アイヌ民族が居住する蝦夷地に分かれ、和人がみだりに蝦夷地へ入ることは許されていなかったといわれている。

　菅江は、太田山と有珠山の参詣時に、東西の境界をそれぞれ越えることを許可されて蝦夷地を見聞し、その際に異文化であるアイヌ民族に関する風俗や事象だけではなく、境界以北にも進出していた和人の様子をあわせて記したのである。彼の『えみしのさへき』（1789）には、西の関所を越えた久遠場所周辺で、鰊を求めて北上し

補章　北海道民俗・沖縄民俗の特徴

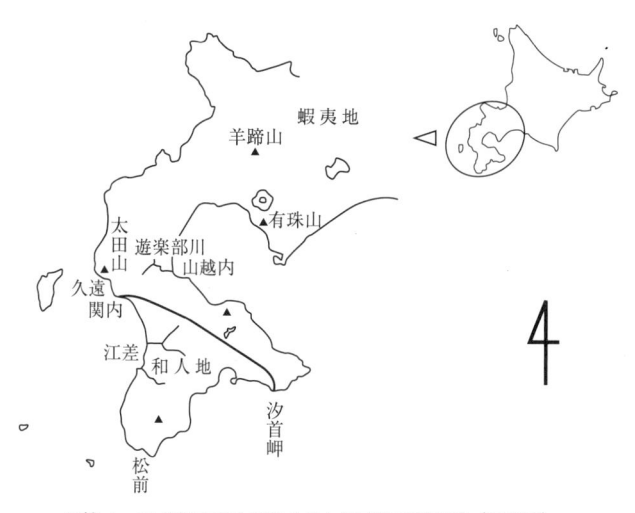

図補-1　18世紀末ごろの和人地と蝦夷地の境界線（概念図）

た漁民の家屋に蓬をつけるといった端午の節供の風景が、また『えぞのてぶり』（1792）では、天明3（1783）年から翌年にかけてのいわゆる「卯辰の飢饉」以降に汐首岬を越えた地域に住みついた難民の様子と、山越内以北にアイヌ民族と和人の混在がないことが記されている。

その後、寛政12（1800）年には東の関所が山越内へと北上し、飢饉などで和人が進出していた地域にまで和人地の範囲が広がったのである。菅江がどこまで意図していたか明らかにはできないが、彼にアイヌ民族と和人の双方の生活を捉える視点があったからこそ、転換期における両者の民俗を示すことができたといえる。そして、現代の日本の民俗を一面からみるのではなく、多面的に捉えることが重要であるということを喚起しているようにも感じるのである。

沖縄民俗の特徴　15-19世紀にかけて、沖縄は、奄美から宮古・八重山にいたる琉球列島からなる琉球王国として栄えた。その民俗文化は多様であり、言語をはじめ、祭事や説話など、各地域毎に相違がみられる。また、沖縄には、これまで南方諸地域や中国、朝鮮、日本、最近ではアメリカなど、さまざまな文化が入ってきた。沖縄文化はそれらが混ざり合う複合文化でもある。これらをふまえた上で、沖縄民俗に共通する特徴をいくつか挙げてみよう。

　まず、沖縄文化の基層の一つに「オナリ」神信仰がある。姉妹である「オナリ」が「エケリ」と呼ばれる兄弟をその霊力で守護する信仰のことである。兄弟の旅行中の安全を守るため、姉妹は自分で織った「ティーサジ」(手ぬぐい)を持たせたり、兄弟のための豊作儀礼を行ったりした。

　「オナリ」神信仰にみられるように、沖縄には女性が男性より宗教的に優越するという観念がある。そのため、女性が祭司となり、守護神が祀られる聖域である「御嶽(ウタキ)」を中心に、村落祭祀が行われた。「御嶽」は地域によりグスクやウガン、オンなどと呼ばれ、小高い丘や山の中腹、あるいは神木の茂る森などを指す。ここには、ふつう、女性祭司しか入ることを許されない。

　このような女性の宗教的優越とともに、沖縄には男性の世俗的優越がみられる。10-13世紀ごろ、多くの土豪たちが割拠していたグスク時代、「根屋(ニーヤ)」とよばれる村落開祖の家からは、「根人(ニーチュ)」という村落を支配する男性の首長と、「根神(ニーガン)」という女性祭司が選出された。「根人」の中には、「按司(アジ)」と呼ばれるより大きな共同体の首長(土豪)となった者もいた。一方、「根神」は、15-16世紀の尚真王(第二尚氏王朝)の時代、国王の姉妹が担う「聞得大君(きこえのおおきみ)」を頂点とし

補章　北海道民俗・沖縄民俗の特徴

た国家的な宗教組織へと組み込まれ、各村落（間切）の最高祭司として王朝から任命された「祝女」の配下に編入された。現在でも、各村落には祭祀を司る女性神役組織がある。しかし、かつての稲作など農業を中心とした共同体が変容・崩壊する中、神役の後継者はなかなか育たず、祭祀の継承に苦慮している状態である。

　また、沖縄には、「ユタ」という民間巫者もいる。「ユタ」は主に奄美や沖縄本島の呼称であり、宮古ではカンカカリャと呼ばれるなど、地域により呼び方が異なる。その多くは女性であり、琉球王朝時代からごく最近まで、人心を惑わすものとして国や世論による弾圧・非難を受けてきた。彼女（彼）たちは公的祭祀を担う「祝女」たちとは対照的に、個人の病気治療や死者の口寄せなどを行ってきた。今でも、ユタになる人はあとを絶たないといわれる。

　世俗的世界での男性の優越は、「門中」と呼ばれる父系親族集団にも表れている。沖縄（特に本島）では、「家」の継承は原則的に長男相続であり、次男以下は分家を行う。この本家・分家間の父系系譜関係を「門中」という。17世紀後半の琉球王朝時代、首里の士族階級では父系系譜が重視され、庶民（多くは農民）にも次第にその概念が広まっていった。沖縄本島南部には、大きな門中墓（亀甲墓）が多くみられる。「門中」による祖先祭祀や父系の家譜編纂は、今なお盛んである。

　「門中」には、儒教など中国文化の影響もあるといわれる。以前の葬儀にみられた洗骨も、中国からの風習という説がある。ハーリー（爬龍船競漕）やエイサー（盆踊り）、魔除けのシーサー（獅子）、イシガントー（石敢當）、豚料理などにも、中国文化の影響がみられる。

　そのほか、沖縄には水平的なニライ・カナイ（海上他界観）信仰や来訪神信仰、垂直的なティーダ（太陽）信仰やアマミキョ・シネリ

キョ（兄弟姉妹創生神話）信仰などもある。

参考文献

赤嶺政信　1998年『シマの見る夢―おきなわ民俗学散歩―』ボーダーインク

伊波普猷、外間守善訳　1973年『をなり神の島1』（東洋文庫）平凡社

伊波普猷、外間守善訳　1973年『をなり神の島2』（東洋文庫）平凡社

氏家等編　2006年『アイヌ文化と北海道の中世』北海道出版企画センター

内田武志・宮本常一　1971年『菅江真澄全集　第二巻』未来社

菊池勇夫　2005年「『蝦夷酒天布利』の成立年をめぐって」真澄学編集委員会編『真澄学』第二号、120-124頁、東北芸術工科大学東北文化研究センター

高倉新一郎　1974年『日本の民俗　北海道』第一法規

比嘉政夫　1983年『沖縄の門中と村落祭祀』三一書房

比嘉政夫　1987年『女性優位と男系原理―沖縄の民俗社会構造―』凱風社

比嘉政夫　1999年『沖縄からアジアが見える』岩波書店

外間守善　1986年『沖縄の歴史と文化』中央公論社

宮良高広編　1982年『北海道を探る　創刊号』北海道みんぞく文化研究会

宮良高広編　1993年『北の民俗学』雄山閣出版

矢島睿編　1985年『北海道の研究7　民俗・民族篇』清文堂

柳田国男　2005年『海上の道』岩波書店

渡邊欣雄　1993年『世界のなかの沖縄文化』沖縄タイムス社

索　引

ア　行

アイヌ民族	241-243
青地図	2
赤線	107-108
アカマタ・クロマタ	236
赤松啓介	110
朝婿入り	126
按司	244
足入れ婚	124
海女	158
アマミキョ・シネリキョ（兄弟姉妹創生神話）信仰	245
網野善彦	8
有賀喜左衛門	109
阿波おどり	209
粟穂	215
安産祈願	129-130
家	50
生見玉	178
遺骨尊重	167
石井研士	218
イシガントー（石敢當）	245
石毛直道	71
椅子式テーブル	82, 86
一人前	98, 110, 112, 117, 120, 141
一年両分性	214
一軒前	50
イデオロギー的抽象的祖先観	175
井戸参り	137
稲作	193
位牌	173, 232
位牌分け	177
伊万里焼	16
入会地（共有地）	91, 98
イロリ（囲炉裏）	59, 85, 156, 158
──の座	156
祝神	207-208
隠居	154-155
上野正男	8
氏神	204
『氏神と氏子』	38
御嶽（ウタキ）	244
内田忠賢	209
うどん	9-10
産神	130, 135-136, 139-140
産土	204
産飯	136
産屋	131, 136
埋め墓	171
占い	234
盂蘭盆	176
裏盆	217
盂蘭盆会	216
梢付塔婆（うれつきとうば）	176
エイサー（盆踊り）	210, 245
蝦夷地	242
胞衣（えな）	134
家主座（エヌシザ）	156
エビス講	197
エビス信仰	199
絵馬	232
LDK	62
エン（縁）	56
閻魔	97
遠洋漁業	196
老い	154
大正月	215
大年	215
大野晋	8

大林太良	3, 8
大間知篤三	109
岡正雄	8, 118
沖合漁業	196
沖言葉	200
沖縄文化	244
沖縄民俗	244
お食い初め	137, 139
オクノマ（奥の間）	57
お七夜	137
オチャヨバレ	106, 108, 110
男の正月	215
オナリ神信仰	244
小野重朗	215
帯祝い	130
帯解き	140
お百度	232
おみくじ	234
主家（おもや）	56
折口信夫	214
オリメ	212
織物	158
女の正月	215
御柱祭	207

カ　行

買春	113-114
会所	97-98
『海村生活の研究』	37
海村調査	37
改良竈	57
家格	109
カカザ（嬶座）	59
『蝸牛考』	6, 8, 40
『家郷の訓』	145
核家族	51
角餅	9, 81
カジマヤー	152

火葬	166-168
過疎化	99
家族	49
カタツムリの異称分布	4
『勝五郎再生記聞』	28
勝手	56, 58
カップ麺	21
カテ飯	74
門松	218
株座	205
竈（カマド）	57, 59
釜蓋朔日	216
髪おき	140
カミゴト	212
上座	156
神棚	57, 59, 90, 218
亀甲墓	171
カンカカリャ	245
環境民俗学	43
勧請	236, 238
勧請縄	93
還暦祝い	154
祇園祭	96-97, 206
祈願	232-235
紀行文	28
聞得大君	244
キジリ（木尻）	59
祈禱	232, 234-235
キャクザ（客座）	59
郷土会	31
郷土研究	30, 33
『郷土研究』	32
郷土誌	32-33
『郷土生活の研究法』	34-35, 185
漁業	184, 187, 194-196, 199, 201
――の近代化	195
漁業専管水域	195
キリコ	102-103

棄老伝説	150, 159	固有信仰	223-224
均一化	20	孤立国	7
均質化	19	御霊信仰	229
『金枝篇』	26	婚姻	108, 123
近代化政策	71	婚姻儀礼	125, 128
近隣組	100	婚姻史研究	109
クチモライ	193	婚姻自己決定論	109-110
クド	59	『婚姻の話』	109
供養	231	権現講	227
倉石忠彦	220	今和次郎	52

サ　行

蔵開き	215	西国三十三所	239
クリスマス	219	『祭日考』	38
グリム兄弟	26	採集手帖	37
クロツチ	105	賽の河原	226
ケ	79, 211-212, 220	『西遊記』	28
ケエリ	244	『西遊雑記』	28
ケガレ	135-136, 211-212	祭礼	204
削り花	215	櫻井徳太郎	204
兼業農家	192	鮭の大助	197
言語芸術	35-36, 223	佐々木高明	8
現世利益信仰	226	座産	131
工業	187	座敷（ザシキ）	59, 90
鉱業	198	雑穀	76
公団住宅	49, 51, 60	サラリーマン	189
耕地	90	——の家族	50
高度経済成長	71	産業組合	31
高齢社会	151	参詣	236
国学	27	散骨	168, 172-173
『古事記伝』	27	産室	131
五十回忌	164, 232	三十三回忌	164, 232
小正月	214-215, 218, 236	三十三年目	237
牛頭天王	206	三種の神器	66
五節供	213	『山村生活の研究』	37
子育て	141	山村調査	37
子ども組	146, 148	産の忌み	135
子どもの遊び	147	産のケガレ	135
コビリ	76		
護符	235		

産婆	130, 132-133, 137	樹木葬	168
産婆制度	132	狩猟	198
産婆取締規則	132	巡礼	239
『死・葬送・墓制資料集成』	165	正月	213, 215
シーサー（獅子）	245	正月行事	214
ジェンダー	112, 115-116	商業	187
四国八十八カ所	239	上巳	213
仕事始め	215	『招婿婚の研究』	109
死者祭祀	163	成仏	163
自然葬	168	情報化社会	44
自然暦	213	醤油	17-18
地蔵菩薩	226	食事の回数	73
地蔵盆	97, 217	食寝分離	62
死体遺棄	166	助産師	133
自治会館	98	助産婦	133
七五三	140	女性の役割	155
七夕	213	女性の労働	158
しつけ	141	心意現象	35-36, 223
柴田道子	111	心意諸現象	35
渋沢敬三	53, 185	人格的先祖	175
シャーマン	233	人日	213
『石神問答』	31	神道	224, 233
社寺参詣	238-239	神仏習合	229
シャモジ渡し	157	新盆	217
収穫儀礼	199	水神信仰	227
収穫祭	206	水田稲作	193
周圏論	16, 40-41	菅江真澄	28, 242
重出立証法	34, 40, 42	鈴木牧之	29
住宅地図	2	煤掃き	215
十四日年越し	215	生育儀礼	136, 139-140
集落	90	生活諸相	35
自由恋愛	109-110, 115	生活暦	20
呪術儀礼	199	生業	183, 192
主食	76	整型四間取り	56
出産	130	成人式	119
出自の先祖	174	成人の日	119
主婦	156-157	青年団	102
主婦権	156-157	西洋料理	72-73

成立宗教	224-225	太陽暦	213
瀬川清子	113, 115	田植え儀礼	199
関敬吾	118	他界	226
セチ	212	高木敏雄	32
絶縁	163	高島平団地	210, 219
節供	213	高群逸枝	109
節分	215	橘南谿	28
『仙境異聞』	28	タッタリ餅	138
専業農家	192	田中宣一	80, 214
洗骨	172	田の字型（四間取り型）	90
先祖	231	旅	28
先祖観の類型	175	『玉勝間』	27
先祖祭祀	55, 176-177, 179	端午	213
『先祖の話』	38, 174, 176	誕生餅	138
『綜合日本民俗語彙』	39	団地	50, 210, 219-220
葬送	163	——の家族	49
——の変化	166	——の年中行事	219
葬送儀礼	163	——の祭り	210-211
『葬送墓制研究集成』	163	単墓制	171
雑煮	9, 80-81, 219	地域民俗学	43
蘇生	163	小さな大人	148
——の儀礼	164	地誌	28
薗田稔	204	地図	2
蕎麦（そば）	9-10	地方改良運動	30
村内婚	124	智明権現	226, 228, 230
村落共同体	110	チャブダイ	61, 82-83, 85-86
		中華料理	72-73
タ　行		チューネン（Thünen, J. H.）	7
田遊び	206	長寿銭	151-152
太陰太陽暦	213	町村地図	2
太陰暦	213	重陽	213
代参講	238	長老	159
大山	226, 230	直系家族	51
大山講	237	鎮守	204
大山信仰	229, 237	追善	163
台所	90	『通過儀礼』	26
ダイニングキッチン	62-64	憑物落とし	233
ダイニングテーブル	63-64, 67	津島天王祭	206

ツブレヤ（潰れ家）	55
坪井正五郎	29
妻問い	124
妻問い婚	124, 127
ツレ	102-103
出居	90
ティーサジ	244
ティーダ（太陽）信仰	245
伝説	105
トイキリ	176
東西差	20
東西民俗変差	11
同族祭祀	177
同族集団	207
同族組織	12, 177
『東遊記』	28
『東遊雑記』	28
同齢集団	113
『遠野物語』	31
トキ	203, 212
土佐源氏	111
年占	234
都市サラリーマン家族	51
年違	164
都市の住まい	60
都市の年中行事	218
都市民俗学	45
土葬	166-168
土俗学	30
『土俗私考』	109
トトゲ	149
利根川水運	18
土間	56, 90
トムズ（Thoms, W. J.）	25
トムライアゲ（弔い上げ）	176, 232
トラジシオン・ポピュレール（tradition populaire）	25
トリアゲ親	132
トリアゲバアサン	133
鳥居龍蔵	30
どんど焼き	215

ナ　行

ナカノマ（中の間）	57
中宿	126
中山笑（共古）	30
中山太郎	109
中廊下型住居	60
仲人	128
七草	213, 215
七つ坊主	149
ナマハゲ	236
なりわい	183, 188
──の儀礼	199
なりわい研究の課題	188
ナンド（納戸）	57, 90
根神（ニーガン）	244
根人（ニーチュ）	244
2 DK	62
根屋	244
西日本	8-10, 21, 56, 156
新渡戸稲造	31
『日本婚姻史』	109
日本住宅公団	51
日本人の先祖観	173
『日本の食文化』	71, 78, 80-81, 84
『日本の民家』	52
日本民家集落博物館	52
日本民俗学	33, 223
『日本民俗学概論』	187
『日本民俗学大系』	118
日本民俗学会	39
『日本民俗文化大系』	187
『日本若者史』	109
入家儀礼	126
ニライ・カナイ（海上他界観）	245

索　引

妊娠祈願	129
ねぶた流し	217
寝宿	113-116
年中行事	214, 217-220
——の二重構造	214
『年中行事図説』	39
年齢階梯制	118
年齢集団	100, 118
年齢秩序	116
農業	184, 187, 192, 199, 201
農村の家族	49
農村の住まい	53
『後狩詞記』	31
ノラ	90-91
祝女（ノロ）	245

ハ　行

ハーリー	245
墓	173, 218
袴着	140
箱膳	82, 85-86
橋参り	137
播種儀礼	199
ハタケトモダチ	193
畑作	193, 199
ハツェリウス（Hazelius, A.）	52
二十日正月	215
八朔盆	216
初節供	138
初誕生	138
初婿入り	124
花正月	215
ハレ	79-80, 211-212, 220
——の食事	79
——の食物	80
ハレとケ	211
バレンタインデー	219
稗穂	215

東日本	8-9, 12, 16-17, 21, 56, 214
被差別部落	111
『被差別部落の伝承と生活』	111
非常民の民俗文化	110
人神	231
人神信仰	231
雛人形	17
ひな祭り	213
紐おとし	140
憑霊文化	233
平田篤胤	27
平山和彦	20
披露宴	128
ヒロマ（広間）	56
広間型三間取り	56
フィールドワーク	22, 110
風葬	166, 171
フォーカークンデ	26
フォークロア（folklore）	25
フォルクスクンデ（Volkskunde）	25-26
副食	76
福田アジオ	40, 117, 212
二股塔婆	176
普段の食事	157
仏教	224, 231, 233
仏壇	57, 59, 90, 173, 218, 232
プリースト	233
古川古松軒	28
ふるさと意識	211
フレーザー（Frazer, S. J. G.）	26
文化人類学	3
文化領域	3, 8, 13, 19
文化領域論	16
分県地図	2
粉食	76
併列型間取り	56
臍の緒	134

253

ヘッツイ	59	水番	98
ヘラ渡し	157	弥山禅定	227
便所参り	137	溝浚え	98-99
方言周圏論	6-8, 40, 42	御霊の飯	214
『北越雪譜』	29	道切り	93
『母系制の研究』	109	道普請	98-99
墓制	163, 169	水塚（ミヅカ）	53
墓制研究	170	南方熊楠	32
北海道開拓記念館	242	御柱（みはしら・おんばしら）	206
北海道の民俗	241	耳塞ぎ	164
ポックリ信仰	152-154	宮座	205
没人格的先祖	175	宮座祭祀	159
ホトケ	231	宮参り	137, 139
骨掛け	166	宮本常一	8, 111, 145
骨正月	215	宮良高弘	242
盆	213, 216	民家の野外博物館	57
盆おどり	217	民間信仰	223-225
本卦還り	154	民間伝承	34
本地垂迹説	226, 229	『民間伝承』	37-39
盆棚	217	民間伝承の会	36, 78
盆灯籠	216	『民間伝承論』	34-35
		『民具蒐集調査要目』	185-186

マ　行

詣り墓	171, 178	民俗学	26
マイワイ	199	民族学	26
マキ	12, 207	民俗学研究所	39
間切	245	『民俗学辞典』	39
『真澄遊覧記』	29	民俗宗教	223-225
町	93	民俗宗教研究	239
松平誠	209	民俗宗教論	225
祭り	204	民俗調査	37, 43
間取り	56, 90	『民俗文化財の手引き』	186, 188
繭玉	215	民俗文化周圏論	8
丸餅	9, 81	無縁仏	174
まれびと	236	婿入り婚	124
マンナオシ	199	聟入考	109, 124
見合い結婚	128	娘	115-116
水垢離	232	娘仲間	114
		娘宿	115, 156

無墓制	171	ユタ	245
ムラ	90	妖怪	20
──の若者	112	養蚕	158
村組	100	ヨコザ（横座）	59,156
村座	205	よさこい祭り	209
村境	93	予祝儀礼	199
門中	245	予祝的祭礼	206
『明治大正史 世相篇』	72,109,115,117	嫁いらず観音	153
木曜会	37-38	嫁入り婚	124-125,127
餅	75,80,139	寄合	98
餅なし正月	81	憑坐（よりまし）	140
望の正月	215		
本居宣長	27	ラ 行	
モノツクリ	215	両墓制	171
モノビ	212	林業	184,187,197-198,200-201
モモカ	137	林野	90
ヤ 行		霊山	178
		霊肉二元観	178
家（ヤー）	245	恋愛	109
野外博物館	52	恋愛結婚	128
屋敷	53	老人	150,152
屋敷神	53,55,95,230	六地蔵	96
屋敷地	95	ワ 行	
屋敷墓	171		
屋敷林	54-55	若水汲み	215
休み日	212	若者	115-116
柳田国男	6,27,30,72,109,124,142, 156,174,185,204,223	──の性	108
		若者組	113,116,118,120,146
柳田国男ブーム	43	若者研究	108-109
柳田民俗学	40,115,117	若者条目	118
ヤマ	90	『若者制度の研究』	118
山言葉	200	若者仲間	102,112-117,120,127
『山宮考』	38	若者宿	109,156
ヤリモライ	193	和歌森太郎	8
結納	128	和人	241,243
有形文化	35,223	『忘れられた日本人』	111

編著者略歴

谷口　貢（たにぐち　みつぎ）
1948年新潟県生まれ。駒澤大学大学院人文科学研究科博士課程満期退学。二松學舍大學文学部専任講師を経て、現在二松學舍大學文学部教授。
主要著書・論文
「都市における同郷者集団の形成と故郷観」（松崎憲三編『同郷者集団の民俗学的研究』岩田書院、2002年）
「シャーマン（巫者）と成巫過程」（櫻井徳太郎編『シャーマニズムとその周辺』第一書房、2000年）
『現代民俗学入門』（共編著）吉川弘文館、1996年

松崎　憲三（まつざき　けんぞう）
1947年長野県生まれ。東京教育大学理学部地学科地理学専攻卒業。国立歴史民俗博物館民俗研究部助教授を経て、現在成城大学文芸学部（大学院文学研究科併任）教授。博士（民俗学）。
主要著書
『現代供養論考』慶友社、2004年
『東アジアの死霊結婚』（編著）岩田書院、1993年
『現代社会と民俗』名著出版、1991年

民俗学講義
―生活文化へのアプローチ―

2006年10月27日　第1版1刷発行
2010年11月15日　第1版3刷発行

編著者―谷口　　貢・松崎憲三
発行者―大野俊郎
印刷所―壮光舎印刷
製本所―グリーン製本
発行所―八千代出版株式会社

〒101-0061　東京都千代田区三崎町2-2-13

TEL　03-3262-0420

FAX　03-3237-0723

振替　00190-4-168060

＊定価はカバーに表示してあります。
＊落丁・乱丁本はお取り替えいたします。

ISBN 978-4-8429-1405-3　　© 2008 Printed in Japan